August Höglinger

Grenzen
setzen
bei
ERWACHSENEN

Verlag A. Höglinger   4. AUFLAGE

Impressum:

Herausgeber und Verleger: August Höglinger
Lektorat: Johann Schnellinger, Textservice, Linz
Druck: Euro PB s. r. o. Druckservice, Prokopská 8, CZ-26101 Příbram, www.europb.eu
Cover: pixelkinder, www.pixelkinder.com
Coverfoto: © twixx

Copyright © 2010 by August Höglinger, Fröhlerweg 8, A-4040 Linz
Alle Rechte vorbehalten. Vervielfältigung, auch auszugsweise,
nur mit schriftlicher Genehmigung des Herausgebers.

Bestellungen an den Verlag:
Dr. August Höglinger, Fröhlerweg 8, A-4040 Linz
Tel.: ++43 (0)732 / 75 75 77
Fax: ++43 (0)732 / 75 75 77-4
E-Mail: office@hoeglinger.net
Internet: http://www.hoeglinger.net

ISBN 978-3-9501137-1-6

Grenzen setzen

bei
ERWACHSENEN

Inhaltsverzeichnis

VORWORT 7
EINLEITUNG 8
1 WOZU GRENZEN SETZEN? 11
   1.1 Wem soll dieses Buch nützen? 11
   1.2 Was ist eine Grenze? 11
   1.3 Grenzen sind ein Teil des Lebens 13
2 WIE ERKENNE ICH MEINE GRENZEN? 16
   2.1 Die Übung mit der Grenze 16
   2.2 Grenzerfahrungen 20
   2.3 Wo sind meine Grenzen – wie finde ich sie? . . . 21
   2.4 Welche meiner Grenzen ist erreicht? 28
   2.5 Wie erkenne ich die Grenzen anderer? 30
   2.6 Wie reagiere ich auf Grenzverletzung
       und Grenzüberschreitung? 34
   2.7 Was ist der Unterschied zwischen
       Grenzverletzung und Grenzüberschreitung? . . . 45
   2.8 Wie überschreite ich eine Grenze richtig,
       wenn ich sie überschreiten will oder muss? . . . 45
3 WIE VERTEIDIGE ICH MEINE GRENZEN? 49
   3.1 Wie stelle ich das Einhalten
       meiner Grenzen sicher? 49
   3.2 Liebevoll Grenzen setzen und NEIN sagen –
       wie geht das? 57
   3.3 Ein großes Revier ist schwer zu verteidigen . . . 62
   3.4 Was tun mit Menschen, die Grenzen
       schwer akzeptieren? 68
   3.5 Empfehlungen für Kritikgespräche 72
   3.6 Verwarnung: Gelb – Rot 74
   3.7 Strafe oder Konsequenz? 77
   3.8 Wie vertragen sich Konsequenz und Toleranz? 82
   3.9 Grenzverletzungen drängen auf Ausgleich 85

4 GRENZEN FESTLEGEN UND VEREINBAREN 100
   4.1 Einmalige und dauerhafte
      Grenzen vereinbaren 100
   4.2 Über die Grenze einladen 102
   4.3 JA und NEIN – zwei Schlüsselwörter
      im Grenzensetzen 103
   4.4 Übungen im Kleinen machen
      den großen Meister 107

5 PARTNERSCHAFT, FAMILIE UND GRENZEN 118
   5.1 Meine Fähigkeit zu JA/NEIN ist ein Gradmesser
      für meine Beziehungsfähigkeit 118
   5.2 Grenzen in der Partnerschaft sind notwendig 120
   5.3 Männliches und weibliches Verhalten
      bei Grenzverletzungen 126

6 GRENZEN SETZEN IM BETRIEB 128
   6.1 Ordnungen in Unternehmen 128
   6.2 Aufgaben in Reviere aufteilen 129
   6.3 Aspekte und Empfehlungen für Führungskräfte 134
   6.4 Aspekte und Empfehlungen für Mitarbeiter .. 142
   6.5 Kollegen oder Vorgesetzte
      mit DU oder SIE ansprechen? 152
   6.6 Manchmal müssen wir Grenzzäune
      niederreißen und neu setzen 156

**7 ICH MÖCHTE MIT DEM GRENZENSETZEN
WIEDER BEGINNEN** 158

GESCHICHTENVERZEICHNIS 165
LITERATURVERZEICHNIS 166

Vorwort

Welch zentrale Bedeutung für unsere Lebensqualität der gute Umgang mit Grenzen hat, wurde mir erst bewusst, als ich bemerkte, dass meine eigene Entwicklung wesentlich darin bestand, mich vor Übergriffen zu schützen und meine Grenzen zu erkennen, um sie klar benennen zu können. Als ich entdeckte, wie sehr mich Menschen stören, die mir sagen, was ich „tun muss", die mich fragen: „Warum hast du nicht?", als mir klar wurde, wie bei mir eine Neigung zu Gewalt ausgelöst wird durch unerlaubte Überschreitungen meiner Grenzen, begann ich, mich mit diesem Thema professionell zu beschäftigen. Lebensthemen wie Distanz und Nähe, Kontakt, Konflikt, Partnerschaft, Verliebtheit versus Liebe sind immer auch Grenzthemen.

Wer mit eigenen und fremden Grenzen nicht sorgfältig umgeht, beschädigt sich und andere!

Wer es ständig zulässt, dass seine Grenzen überschritten werden, wird fliehen oder krank werden. Wer ständig die Grenzen anderer Menschen missachtet und überschreitet, übt Gewalt aus. Würden wir achtsamer umgehen mit unseren Grenzen, aktiv und passiv, gäbe es mehr Frieden in Familien, Partnerschaften, zwischen Gruppen, Regionen, Religionen und Nationen.

Das Buch mit seinen Beispielen aus allen Lebensbereichen wird Leser sensibler machen und dadurch helfen.

Alfred Preuß

Einleitung

> GLÜCK HEISST,
> SEINE GRENZEN KENNEN
> UND SIE LIEBEN.
> Romain Rolland

Grenzen setzen bei Erwachsenen

In diesem Buch geht es mir wesentlich um die Grenzen und Reviere bei Erwachsenen – einerseits im privaten Umgang miteinander und andererseits im beruflichen Bereich.

Es gibt einige Bücher, die sich mit dem *Grenzensetzen gegenüber Kindern* beschäftigen, jedoch nur wenige, die das *Setzen von Grenzen unter Erwachsenen* aufgreifen. Noch weniger behandeln das Thema der *Reviere von Erwachsenen*. Eine Auswahl dieser Bücher habe ich am Ende des Bandes angeführt.

Wie kam ich selbst zu diesem Thema?
Alfred Preuß, dem ich für sein Vorwort zu diesem Buch danke, konfrontierte mich in einem gestalttherapeutischen Seminar mit der Übung „Grenzen setzen". Diese einfache Übung, die später im Buch beschrieben wird, hatte auf mich eine sehr große Wirkung: Mir wurde die elementare Bedeutung von Grenzen und Revieren bewusst. Ich fuhr mit einem Schlüssel von diesem Seminar nach Hause, der mir neue Zugänge zum Verstehen von Situationen ermöglichte. Ich entdeckte nun jede Menge und Arten von Grenzen, die ich bis dahin so nicht wahrgenommen hatte. Auch war ich sensibilisiert für Grenzverletzungen, die ich selbst beging, zufügte oder zuließ.

Die größte Lehrmeisterin im Grenzensetzen war mir meine Frau. Im Gegensatz zu mir konnte sie immer schon gut Grenzen setzen, weil sie das durch ihre Familie gelernt hatte. Es war oft schwirig für meine Frau, mit jemandem wie mir zusammenzuleben, der seine Grenzen nicht kennt, nicht artikuliert und nicht verteidigt.
In der ersten Zeit war ich in Streitigkeiten oft gekränkt, sauer und wusste nicht, warum. Ich konnte nicht klar sagen, was mich störte. Nur durch ihr Verhalten und ihre Konsequenz wurde es mir möglich, Grenzverletzungen und Revieransprüche auf beiden Seiten zu erkennen und damit umzugehen. Es hat Jahre gedauert, bis ich mich bei meiner Frau für ihr Grenzensetzen und das Verletzen meiner Grenzen bedanken konnte. Erst im Nachhinein betrachtet war das für mich ein großes Geschenk.

Es gibt für mich auch als Trainer und Berater einen beruflichen Zugang zum Thema: Nachdem ich einige Jahre Zeitmanagement-Seminare gehalten hatte, besuchte ich Absolventen eines Seminars. Dabei stellte ich fest, dass sie sehr viele Anregungen umgesetzt hatten. Es war jedoch ein durchgängiges Problem zu erkennen. Obwohl sie Zeit gewonnen hatten, arbeiteten sie genauso viel wie eh und je. Was ihnen fehlte, war die Fähigkeit, NEIN zu sagen und in dieser Form Grenzen zu setzen. Ich habe daher in meinem Buch „Zeit haben heißt NEIN sagen" gerade auf diesen Aspekt einen besonderen Schwerpunkt gelegt. Denn wer nicht NEIN sagen will oder kann, ist auch nicht in der Lage, sein Zeit- und Selbstmanagement zu meistern.

Im Laufe meiner letzten zehn Seminarjahre und meiner Beratungstätigkeit ist mir zunehmend bewusst geworden, wie essenziell das Thema der Grenzen und Reviere für die Zusammenarbeit in Betrieben ist. In Trainings, Coachings und Klausuren hat sich immer wieder gezeigt, wie wenig diese Schlüsselthemen Beachtung finden. Gerade sie sind oftmals Anlass und Nährboden für Ärger oder Konflikte.

Mein Dank
Besonders danken möchte ich meinem Freund Mag. Stefan Manigatterer, dem es hervorragend gelungen ist, meine Geschichten und Erzählungen zu Papier zu bringen und sie mit Sprüchen und Ergänzungen anzureichern.
Weiters bedanke ich mich bei allen Menschen, die mit ihren Geschichten einen Beitrag zu diesem Buch geleistet haben.
Ich bedanke mich bei meiner Frau und meiner Familie für das Verständnis und die Zeit, die sie mir gegeben haben, um dieses Buch fertig zu stellen.
Ohne sie alle namentlich anzuführen, bedanke ich mich bei all jenen Helferinnen und Helfern, die durch Korrekturlesen, inhaltliche und gestalterische Ideen sowie andere Anregungen einen wichtigen Beitrag zu diesem Buch geleistet haben.

Männliche/weibliche Form im Text
Ich habe aus Gründen der besseren Lesbarkeit und Verständlichkeit des Texts nur eine Form der Anrede gewählt, und zwar die männliche, weil sie die gängigere ist. Diese steht stellvertretend für beide Geschlechter. Ich bitte alle meine Leserinnen und Leser um ihr Verständnis.

1 Wozu Grenzen setzen?

1.1 Wem soll dieses Buch nützen?

Es soll jenen Lesern helfen, die sich grundsätzlich schwer tun, Grenzen zu setzen und NEIN zu sagen. Vielleicht möchten Sie sich erfolgreich gegen Grenzverletzungen wehren oder einer Verletzungsgeschichte ein Ende setzen.

Das Buch wird auch für jene interessant sein, die sich bisher noch wenig mit Grenzen, dem Grenzensetzen oder dem eigenen Grenzverhalten beschäftigt haben – sei es gegenüber anderen, aber auch gegenüber sich selbst. Viele Menschen unserer leistungsorientierten Gesellschaft wissen oder spüren nicht mehr, wann es genug ist. Dann ist es der Körper, der die Grenzen setzt.

Es kann auch sein, dass Sie aufgrund Ihrer Führungsverantwortung im Betrieb auf den Schutz oder die Erhaltung von Grenzen und Revieren zu achten haben. Sie werden in dieser Lektüre eine Fülle von wichtigen Erkenntnissen für die Praxis finden.

Das Buch ist schließlich auch für jene gedacht, die eine Persönlichkeit werden wollen, und für jene, die schon Grenzen setzen können und dies zukünftig noch liebevoller tun möchten.

1.2 Was ist eine Grenze?

Ich verzichte hier bewusst auf den Versuch einer wissenschaftlichen Definition. Ich vertraue darauf, dass Sie nach der Lektüre dieses Buchs genau wissen werden, was ich darunter verstehe.

Worum es in Wirklichkeit geht, ist zu wissen, welches *mein* Revier ist, das ich habe oder brauche, um zufrieden mit mir und anderen leben zu können. Und ich muss wissen, welche Reviere und Grenzen andere für sich beanspruchen. Die Außenlinie signalisiert die Grenze eines Reviers. Wo zwei oder mehr Personen in einem größeren Revier zusammenleben oder -arbeiten, werden solche Grenzen zu gemeinsamen Grenzlinien.

Reviere und Grenzen:

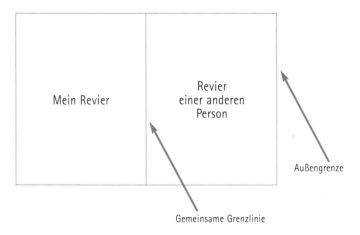

Die Klärung von Reviergrößen und der Grenzverlauf sind für das gedeihliche Zusammenleben von zentraler Bedeutung. Revieransprüche und Grenzbedürfnisse sind individuell sehr unterschiedlich. So gibt es beispielsweise Menschen, die klare Grenzen und alles genau geregelt haben wollen, damit sie sich wohl fühlen. Anderen ist es lieber, nur das Notwendigste zu reglementieren.

Revierbedürfnisse und Grenzlinien hängen auch von Themen, Personen und Rahmenbedingungen ab. So ist man in einer bestimmten Situation für manches offener als sonst. Nicht selten suchen z. B. Mitarbeiter so eine *günstige* Gelegenheit beim Chef, um ein Anliegen durchzubringen.

Viele Revierbedürfnisse und Grenzlinien ändern sich im Laufe der Zeit. Was einem früher wichtig war und wofür man Rechte eingefordert hatte, ist aktuell nicht mehr von solcher Bedeutung. Daher sind Reviere und Grenzziehungen neuen Gegebenheiten anzupassen.

1.3 Grenzen sind ein Teil des Lebens

Grenzen sind dazu da, das Leben und die Interessen jedes Menschen und jeder Gruppe zu schützen, d. h. anzuerkennen, dass das Leben – speziell organisches Leben – örtlich, zeitlich und emotional Grenzen besitzt oder benötigt.
So wird beispielsweise eine Paarbeziehung auf Dauer nicht lebbar sein, wenn diese keinen geschützten Rahmen hat, keinen Ort und keine Zeit, in der sie gelebt wird.
Jeder Organismus grenzt sich von seiner Umwelt ab – beginnend bei der einzelnen Körperzelle: Sie tut dies durch eine halb durchlässige Membran. Jede Zelle unterscheidet, was sie durch ihre Membran hindurchlässt und was sie wieder ausscheidet. Dabei bewertet sie, was außerhalb der Zelle für ihre Weiterentwicklung und für ihr Überleben geeignet ist. Nur aus der Sicherheit heraus, die diese Membran vermittelt, kann ein lebendiger Organismus mit einem anderen kooperieren, ohne sich gegenseitig aufzufressen oder ineinander überzugehen.
Bei uns Menschen ist die äußere Membran die Haut, die „innere" ist durch unser emotionales Empfinden gegeben. Durch sie grenzen wir uns von anderen ab, bzw. wir entscheiden, wie weit wir etwas in uns aufnehmen oder jemanden an uns heranlassen.
Auch im Zusammenleben zeigt sich, wie sehr wir der Natur – im Besonderen dem tierischen Ursprung – verbunden sind: So wie ein Tier sein Revier und ein Leittier seinen Rang verteidigt, haben wir ähnliche Verhaltensweisen, wenn es um Reviere, Machtansprüche und Rangordnungen geht.
Denken Sie nur daran, wie es ist, wenn Sie lange vor einer Kassa Schlange stehen und jemand kommt und sich vordrängt. Es kann sein, dass Sie das zu verhindern wissen und ihm signalisieren, wo das *Ende* der Warteschlange ist.
Oder Sie bekommen einen jungen Manager als Chef, der gerade sein Universitätsstudium absolviert hat. Er ist noch keine vierzehn Tage im Betrieb und hat wenig Branchenerfahrung. Er kommt zu Ihnen und Ihren erfahrenen Mitarbeitern und sagt,

wie zukünftig die Arbeit besser zu machen ist. Wie reagieren Sie und Ihre Kollegen? Werden Sie seine Anweisungen akzeptieren? Nüchtern betrachtet ist er der Chef. Sie haben dessen Anweisungen zu befolgen. Er hat auch die Letztverantwortung. Und dennoch könnte dicke Luft im Raum stehen: So nicht! Was will der junge Spund!? Der soll sich zuerst seine Sporen verdienen!

Wir können unsere Herkunft nicht verleugnen. Wenn das Miteinander gelingen soll, haben wir diese „tierischen" Wurzeln ernst zu nehmen. Sie sind durch keine intellektuelle Höchstleistung außer Kraft zu setzen. Wir haben sie daher genau zu beachten.

Was geschieht, wenn ein Land die Grenzen eines anderen Landes überschreitet? Grenzverletzung! Der Schritt wird als Missachtung und Angriff des eigenen Reviers gewertet. Das Land wird sich wehren, um seine Rechte kämpfen und zum Gegenangriff übergehen. Kurzum: Es gibt Krieg! Die Wortwurzel von „Krieg" bedeutet im Ursprünglichen nichts anderes, als dass ich unter Anstrengung oder Kampf etwas erringen möchte. In unserer Umgangssprache kennen wir noch das Wort „kriegen", etwas bekommen, erhalten wollen (Duden 7, Herkunftswörterbuch).

Überschreiten wir bei einem Mitmenschen die Grenzen, ist es nicht anders. Wenn dessen Grenzen und dessen Reviere verletzt werden, wird sich dieser wahrscheinlich wehren: Es gibt Kleinkrieg!

Ein Leben in Frieden ist für die meisten Menschen ein wichtiges Ziel. Dies ist dann möglich, wenn im Setzen von Grenzen die Rechte, die Interessen und die Würde des Betroffenen berücksichtigt werden.

Im *politischen Bereich* wird versucht, Grenzen, Interessen und Revieransprüche über nationale und internationale Vereinbarungen zu regeln. Der Weg dorthin ist oft mühselig. Langwierige Verhandlungen, unzählige Sitzungen und diplomatisches Geschick sind notwendig. Innerhalb von Staaten ist es eine unüberschaubare Anzahl rechtlicher Regelungen, die ein

zufrieden stellendes Miteinander von Bürgern gewährleisten sollen. Das Bestreben politisch Aktiver in Bund, Ländern und Gemeinden ist im Wesentlichen kein anderes, als zufrieden stellende Grenz- und Revierregelungen zu erreichen.
Und wie ist es im privaten und im beruflichen Bereich? Vieles ist durch Gesetze geregelt – sei es im Streitfall mit dem Nachbarn oder wenn es um Schadensansprüche beim Kauf eines Produkts geht. Im beruflichen Bereich gibt es beispielsweise arbeitsrechtliche Vereinbarungen. Und dennoch finden sich im alltäglichen Miteinander von Menschen viele Orte und Gelegenheiten, die durch allgemeine Regelungen nicht erfasst werden und Anlass für Ärger, Streit und Kleinkriege geben. Um diese Bereiche soll es in diesem Buch gehen:

- Was sind Grenzen und typische Grenzverletzungen im Alltag?
- Wie soll ich mich bei Grenzverletzungen verhalten?
- Wie kann ich Grenzen setzen, verteidigen und haltbare Vereinbarungen treffen?

2 Wie erkenne ich meine Grenzen?

2.1 Die Übung mit der Grenze

Grenzen setzen
Die folgende Übung verwende ich in meinen Seminaren. Sie zeigt klar, wie die Teilnehmer mit ihren Grenzen umgehen.

Ich bitte einen Seminarteilnehmer zu mir. Ich nenne diese Person A.

A hat nun die Möglichkeit, sich eine Person B zu suchen, gegen die er die Grenze verteidigt.
Nun wird eine Grenzlinie durch den Raum gelegt. Dafür verwende ich ein Seil oder fixiere eine Linie mit dem Klebeband. A wählt sich nun eines der beiden Reviere, B nimmt die andere Seite in Besitz.
A bekommt den Auftrag, sein Revier zu verteidigen. B soll versuchen, die Grenzlinie zu übertreten und dadurch in das Revier von A einzudringen.

Die Übung ist ohne Worte durchzuführen.

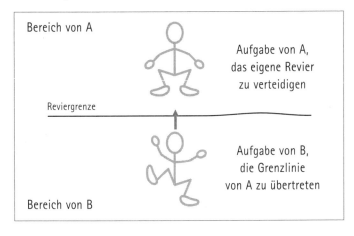

Beobachtungen zu dieser Übung
Die häufigsten Reaktionen der Teilnehmer: A zeigt keine Regung, wenn B die Grenze übertritt. Oftmals kann B im Revier von A verbleiben, ohne dass A reagiert. Einige Teilnehmer reagieren auch dann nicht, wenn ich sie auf die Grenzüberschreitung aufmerksam mache. „Grenzen sind für mich nicht so extrem wichtig", „Mir macht das nichts aus, wenn jemand in mein Revier eindringt", sind die üblichen Antworten der Seminarteilnehmer.
Andere Teilnehmer sind vom Grenzübertritt überrascht worden. Nachdem die Grenzverletzung geschehen ist, wissen sie jedoch nicht, wie sie damit umgehen sollen, denn: Einerseits darf nicht gesprochen werden (Übungsanweisung) und andererseits verlässt B von sich aus nicht das Revier.
Häufig mangelt es den Betroffenen an geeigneten Techniken und Ideen, den Eindringling aus ihrem Revier hinauszubefördern.
Für andere Teilnehmer ist der erfolgte Grenzübertritt kein Problem. Ganz im Gegenteil, auf meine Frage, warum sie die Revierverletzung akzeptieren, antworten sie: „Ich lasse andere bei mir herein. Dafür leite ich für mich das Recht ab, dies auch bei ihnen tun zu dürfen." Sie erwerben sich damit ein Recht auf Revanche.

Erkenntnisse aus der Grenzen-Übung
Viele Menschen nehmen ihre eigenen Grenzen und die Grenzen anderer kaum wahr. Durch diese Übung wird vielen Seminarteilnehmern bewusst, wie wenig sie sich über ihre eigenen Grenzen im Klaren sind.
Viele können ihre Grenzen nicht verteidigen, weil sie diese nicht wirklich kennen.
Der erste Schritt ist, seine Grenzen zu erkennen. Ein Seminarteilnehmer sagte in diesem Zusammenhang: „Wenn ich im Leben meine Mitte finden will, muss ich wissen, wo meine Grenzen sind, und zu diesen vordringen."
Obwohl in der Übung die Grenze sichtbar ist, fällt es vielen schwer, diese auch zu verteidigen: Sie reagieren zu wenig klar

und druckvoll. Sie haben Hemmungen, ihre Grenze auch mit entsprechender (körperlicher) Gegenwehr zu verteidigen.

Nach der Übung tauchen bei vielen Teilnehmern konkrete Situationen aus dem Alltag auf, in denen sie Schwierigkeiten hatten, ihre Grenzen zu verteidigen:
- „Ich habe Probleme, mich wirklich abzugrenzen."
- „In Besprechungen traue ich mich nicht, meine Meinung zu sagen, wenn mir etwas gegen den Strich geht."
- „Ich sage oft JA, obwohl ich NEIN meine."
- „Gegenüber meinem Chef ist es mir lieber, JA zu sagen und NEIN zu tun."
- „Ich akzeptiere insgeheim immer wieder die Grenzverletzungen meines Partners, weil ich mich nicht zur Wehr setze. Ich sage zumeist nichts und gehe."

„Du darfst meine Grenze überschreiten, ich dafür deine."
Dieses Verhalten ist im Alltag sehr häufig anzutreffen. Dies ist ein nicht ausgesprochener Handel, aus dem ich aufgrund erfolgter Grenzverletzung (Demütigung, Täuschung, Bloßstellung, Vertrauensbruch etc.) nun für mich das Recht auf eine Gegengrenzverletzung ableite, z. B. das Recht auf eine adäquate Entschädigung, Genugtuung oder das Recht auf Vergeltung nach dem Motto „Wie du mir, so ich dir" oder „Mein Tag wird noch kommen und dann ...".
Manchmal ist es dem Verletzten schwer möglich, die Rechnung mit dem eigentlichen Grenzverletzer zu begleichen (z. B. als Mitarbeiter gegenüber seinem Chef). Hier kann es sein, dass diese Grenzverletzung an andere weitergegeben wird und man die Wut beim Untergebenen, bei Kollegen, beim Ehepartner oder bei den Kindern auslässt.
Bei der erwähnten Übung ist die Grenze durch eine Markierung für andere klar erkennbar. In der Realität sind die eigenen Grenzen für andere selten so deutlich wahrzunehmen. Dieser Umstand macht ersichtlich, wie wichtig das Anzeigen von Grenzen ist. Ich muss gegenüber anderen meine Grenzen artikulieren,

damit sie darüber Bescheid wissen, was aber nicht heißt, dass sie diese auch respektieren. Ich muss bereit sein, meine Grenzen aktiv zu verteidigen.

Der Sonntagsbesuch bei der Schwiegermutter

Sonntagnachmittag. Meine Frau und ich sind bei meiner Schwiegermutter zu Besuch. Diese hat Kaffee und Kuchen vorbereitet. Ich hatte bisher auch immer Kaffee getrunken. Aus gesundheitlichen Gründen habe ich aber nun vor längerer Zeit damit aufgehört.
Schwiegermutter: „August, trinkst eh eine Tasse Kaffee mit uns?" Ich darauf: „Du, nein danke!" Was tut meine Schwiegermutter? Sie nimmt meine Tasse und gießt mir Kaffee ein. Was mache ich? Ich trinke ihn. Ich nenne das „NEIN sagen und JA tun".
Grenzverletzungen, die aus Liebe geschehen, sind schwerer zu erkennen, und es ist auch viel schwerer, sich dagegen zu verteidigen, z. B. wenn jemand etwas tut, weil er es gut mit Ihnen meint. Gut gemeint ist nicht immer wirklich gut.

> WAS IST DAS
> GEGENTEIL VON GUT?
> GUT GEMEINT!

2.2 Grenzerfahrungen

Je nach Kultur und Tradition hat jeder von uns im privaten oder beruflichen Leben vielfältige Grenzerfahrungen. Zudem sind diese von Generation zu Generation sehr verschieden. Denken Sie nur an das Leben Ihrer (Groß-)Eltern in deren Kindheit und an das der Kids von heute. Entsprechend unterschiedlich ist auch der Zugang zum Thema Grenzen.

Beispiele aus dem privaten Bereich
So war in manchen Familien das Zusperren des eigenen Zimmers oder von Intimbereichen wie Schlafzimmer oder Bad nicht üblich. Zimmerschlüssel gab es nicht. Und wer das Bad trotzdem zusperrte, konnte unter Umständen von draußen hören: „Mach auf, jetzt sei doch nicht so komisch!"
In anderen Familien gab es klare Grenzziehungen und Tabubereiche, die von allen Familienmitgliedern respektiert wurden oder zu respektieren waren (z. B. Eltern zu den Kindern: „Im Elternschlafzimmer habt ihr nichts zu suchen!" etc.).

Wie war das eigentlich bei Ihnen zu Hause und wie ist dies heute in Ihrer eigenen Familie?
In vielen ländlichen Gegenden ist auch heute tagsüber die Haustür nicht versperrt. Viele wissen voneinander sogar, wo Schlüssel, Wertgegenstände oder das Sparbuch aufbewahrt werden. Die Kinder des Dorfes können ihr Versteckspiel problemlos auf verschiedene Häuser der Nachbarschaft ausdehnen.
Denken Sie nun im Vergleich dazu an Situationen in Wohnsiedlungen in der Stadt.
In der einen Familie gibt es fixe Essenszeiten, an die man sich tunlichst zu halten hat. Dazwischen ist die Küche sozusagen außer Betrieb.
In einer anderen Familie werden Essenszeiten eher locker gehandhabt. Wer später kommt oder zwischendurch Hunger hat, möge sich selbst etwas aufwärmen, kochen oder im Kühlschrank suchen.

Beispiele aus dem öffentlichen Bereich
und der Berufswelt
Denken Sie an das Fahrverhalten im Straßenverkehr in verschiedenen Ländern. So ist es erfahrungsgemäß in Italien ratsam, an der Kreuzung mehr auf das Verhalten der anderen Verkehrsteilnehmer zu achten und weniger darauf, ob die Ampel Rot, Gelb oder Grün anzeigt.
In modernen Multimediabetrieben gibt es gleitende Arbeitszeit rund um die Uhr. Jeder arbeitet nach seinem Rhythmus. Es herrscht eine Kultur der „offenen Türen". Große gemeinsame Büroräume sollen größtmögliche Vernetzung und fließende Arbeitsprozesse gewährleisten. Nur wenige Aufgaben sind klar Personen zugeordnet. Kleidungsvorschriften sind hier nicht das Thema.
Ein Direktor eines großen oberösterreichischen Traditionsbetriebs erwartet von jedem seiner Mitarbeiter (sofern männlich), nur mit Anzug und Krawatte vor ihm zu erscheinen. Die Mitarbeiter dieses Betriebs haben mittlerweile einen geheimen Schrank aufgestellt, in dem für den „Notfall" entsprechende Kleidungsstücke zu finden sind.

2.3 Wo sind meine Grenzen – wie finde ich sie?

Ich kann meine Grenzen im Wesentlichen in folgenden Bereichen orten:

Eigener Körper
Die physische Außengrenze des Körpers ist die Haut. Nicht jeden Menschen lasse ich jedoch bis an diese heran. Ich nehme Unterscheidungen vor, wie nahe ich eine Person an mich heranlasse. Sicherlich gibt es Menschen in Ihrem näheren Umfeld, die nahe an Sie herandürfen, Sie sogar berühren dürfen. Dagegen fallen Ihnen bestimmt auch Personen ein, die Sie bewusst auf Distanz halten – auch auf körperliche.
Dies hat etwas mit so genannten Distanzzonen zu tun. Gemeint ist der Raum, der uns umgibt. Diese Distanzzonen

sind nicht bei allen Menschen gleich. Manche vertragen oder wollen mehr Nähe, andere wiederum brauchen einen größeren Abstand zu anderen Menschen, um sich wohl zu fühlen.
Die Kommunikationswissenschaft kennt mehrere Zonen, die einen Menschen umgeben. Hier eine Zoneneinteilung nach Vera F. Birkenbihl:

Intimzone	Abstand: bis etwa eine halbe Armeslänge. Freiwillig lassen wir in diese Zone nur jene, denen wir vertrauen.
Persönliche Zone	Abstand: zwischen halber und ganzer Armeslänge. Bereich für Freunde, gute Bekannte, Kollegen, mit denen uns ein herzliches Verhältnis verbindet. Man spricht in diesem Zusammenhang auch vom so genannten Stachelschwein-Effekt: Stachelschweine haben die Angewohnheit, sich in der Nacht einander so weit zu nähern, dass sie sich gegenseitig wärmen, jedoch nicht so nahe, dass sie einander mit den Stacheln verletzen, (Stachel → Armeslänge).
Soziale Zone	Abstand: etwa 1,5–2 Meter. Geschäftliche Zone: Bereich für Bekannte, sonstige Berufskollegen, Vorgesetzte, Kunden, Klienten.
Öffentliche Zone	Abstand: über 2 Meter. Bereich der Begegnung mit Personen in der Öffentlichkeit.

Fragen
Wen lasse ich wie nahe an mich heran? Wen halte ich auf Distanz?

In meiner Berufswelt:

_____

_____

_____

_____

In meinem privaten Lebensbereich:

_____

_____

_____

_____

Kommt uns jemand körperlich zu nahe, werten wir dies als Grenzverletzung. Wir reagieren dann entsprechend. So kann das Beobachten von alltäglichen Verletzungen dieser Zonen recht interessant sein. Wir können dadurch erfahren, wie die Menschen im Bus, in der Straßenbahn oder im Fahrstuhl auf Nähe reagieren. Schließlich stehe ich hier anderen Personen körperlich so nahe, wie ich dies freiwillig nur wenigen erlaube. Was tun Sie in dieser Situation?

In unserer Alltagssprache kennen wir viele Ausdrücke für das Übertreten bzw. Verletzen von Grenzen:
- zu nahe kommen,
- auf die Zehen treten,
- bis ins Herz treffen,
- bis auf die Knochen blamiert sein,
- unter die Haut gehen.

Meine Territorien

Territorien sind Bereiche, die ich als meine Reviere betrachte. Hier hat keiner etwas zu suchen, schon gar nicht ohne meine Erlaubnis.

Als eigenes Revier betrachte ich:

- meinen Arbeitsbereich: mein Büro, meinen Schreibtisch, meinen Platz am Konferenztisch;
- meine Aufgaben, für die ich mich verantwortlich fühle, die in meinen Zuständigkeitsbereich fallen;
- meinen Platz am Esstisch, meinen Lieblingssessel, mein Zimmer, meine Küche, meinen Arbeitsraum, meinen Bereich im Bad, meinen Kleiderschrank;
- meinen erkämpften Platz an der Wursttheke, vor der Kassa im Supermarkt oder im Wartezimmer des Arztes u. a. m.

Frage
Was sind meine wichtigsten Territorien im beruflichen bzw. im privaten Bereich?

Berufliche Territorien:

_____

_____

_____

_____

Private Territorien:

_____

_____

_____

_____

Interessant könnte ein Vergleich mit jenen Territorien sein, die Ihnen vor ein paar Jahren wichtig waren oder in ein paar Jahren wichtig sein werden.

Meine Gegenstände

Gegenstände, die mir gehören bzw. für die ich verantwortlich bin:
- Beruf: Arbeitsmittel, Telefon, PC, Unterlagen;
- Privatleben: Bücher, Werkzeug, persönliche Kaffeetasse, Videos.

Möglichkeiten, Besitzrechte und Grenzen klar zu markieren:
- Namensstempel in Büchern,
- unverwechselbare Markierungen eingravieren,
- ab- bzw. wegsperren,
- Codesicherung.

Gibt es Gegenstände, die Sie besonders schützen?
Vielleicht ergeht es Ihnen aber auch wie Herrn Georg H., der mittlerweile nur mehr die Hälfte seiner Bücher und seines Videobestands besitzt, weil er diese freigiebig verleiht, ohne sich zu notieren, wem er was wann geliehen hat.

Die eigenen Reviere, auf die ich Anspruch erhebe, sind besondere Heiligtümer. Wenn diese in Gefahr sind, angegriffen oder gar eingenommen zu werden, sind wir besonders hellhörig und reagieren sensibel.

Mein Platz im Flugzeug

Ich flog mit dem Flugzeug nach Berlin. Die erste Flugstrecke war Linz–Frankfurt, die zweite Frankfurt–Berlin. Ich löste in Linz mein Ticket und stieg als einer der letzten Passagiere in das Flugzeug. Ich bemerkte, dass eine ältere Dame meinen Platz am Fenster eingenommen hatte.

Früher hätte ich diesen Umstand einfach akzeptiert und mir einen anderen Platz gesucht oder die Dame gefragt, wo sie sitze, und ihren Platz eingenommen. Dieses Mal, dachte ich, lasse ich mir meinen Platz nicht so einfach wegnehmen. Ich rief den Steward, in dessen Aufgabenbereich die Platzzuweisung fiel. Ich bat ihn zu klären, was mit meinem Sitzplatz wäre. Er erklärte mir, dass im Flugzeug eine Gruppe älterer Damen und Herren mitreisen würde und diese beisammensitzen möchten, und bot mir einen neuen Platz an. Das Ergebnis war, dass ich einen besseren Platz bekam. Ich war zufrieden, einerseits wegen des besseren Platzes und andererseits deshalb, weil ich um mein Revier gekämpft hatte.

Ich landete schließlich in Frankfurt und stieg in das Flugzeug nach Berlin um.

Und siehe da, wiederum saß jemand auf meinem Fensterplatz. Diesmal ein Kind. Durch die Erfahrung und Erkenntnis der ersten Flugstrecke reagierte ich sogleich anders. Da ich bemerkte, dass auf den anderen zwei Plätzen in meiner Bankreihe die Eltern des Kindes saßen, wollte ich es nicht von meinem Platz verdrängen. Ich schaute mich um und fand eine völlig leere Bankreihe, die ich für mich allein in Besitz nehmen konnte. Auch diesmal war der neue Platz viel besser als jener, den ich ursprünglich reserviert hatte. Da ich einen besseren Platz erhielt, war es für mich ein Gewinn und auch leicht, meinen ursprünglichen Platz aufzugeben. Hätte ich jedoch nur einen schlechteren Sitzplatz gefunden, hätte ich dies nicht akzeptiert. Ich hätte beim Steward eingefordert, dass die andere Person diesen schlechteren Platz einnähme und nicht ich.

> WER VERZICHTET UND NACHGIBT, IST IMMER BELIEBT BEI DENEN, DIE DAVON PROFITIEREN.
> Winston Churchill

Der besetzte Sessel

Eine Seminarteilnehmerin berichtete, dass in ihrem Büro die Kollegen gemeinsam Kaffee trinken. Einer ihrer Kollegen hat die Angewohnheit, sich dabei auf ihren persönlichen Schreibtischsessel zu setzen. Er stand zwar immer umgehend auf, wenn sie ins Büro kam; für sie blieb es dennoch eine Grenzverletzung, weil sie es hasste, auf einem durch jemand anderen vorgewärmten Sessel zu sitzen.

Eine Teilnehmerin bei einem meiner Vorträge schilderte mir von ihrem Schreck, den sie nach der Rückkehr aus dem Urlaub bekam.

Als sie sich im Büro der Firma einfand, saß auf ihrem Sessel noch ihre Urlaubsvertretung. Umgehend durchfuhr sie die Angst, bereits gekündigt worden zu sein.

2.4 Welche meiner Grenzen ist erreicht?

Im Wesentlichen kennen wir drei Grenzen. Je nachdem, wie *wichtig* mir etwas ist, wie hoch ich den Grad der Grenzverletzung empfinde und *wer* diese Grenzverletzung begangen hat, ist bei mir eine der nachfolgenden Grenzen erreicht: Die erste Grenze ist die *Toleranzgrenze* (Base Line). Die zweite Grenze ist die *Schmerzgrenze* (Final Line). Die dritte Grenze ist die *absolute Grenze* (Dead Line).

Welche dieser Grenzen jemand erreicht oder überschritten hat, hängt oft von der eigenen Tagesverfassung ab.

Ich möchte Ihnen die Grade der Grenzverletzung an einem Beispiel näher bringen:

Toleranzgrenze
Die Besprechung Ihres Teams ist für 17 Uhr vereinbart. Mehrere Teilnehmer kommen 2–3 Minuten zu spät. Die Grenzverletzung ist gegeben, aber Sie tolerieren sie ohne Kommentar.

Schmerzgrenze
Herr K. kommt nun schon das fünfte Mal 20 Minuten zu spät zur Sitzung.

Es könnte nun sein, dass Sie oder jemand anderer aus der Runde dies nicht mehr hinnehmen (tolerieren) und es ansprechen.

Absolute Grenze
Herr K. ist zu den letzten zwei Besprechungen gar nicht gekommen. Er hat ausrichten lassen, dass man ihm die Protokolle zusenden möge. Das genüge ihm. Es könnte sein, dass es nun auch Ihnen genügt, dass das Maß voll ist.
Das war nun der berühmte letzte Tropfen, der das Fass zum Überlaufen gebracht hat.

> WENN ICH AUFHÖRE ZU TOLERIEREN, KANN ICH TOLERANT SEIN.

Wie ich selbst mit Zuspätkommenden umgehe
Wenn ich schlecht gelaunt bin, befindet sich meine Toleranzgrenze bei ca. 5 Minuten. Bin ich „gut drauf", liegt sie bei 15 Minuten.
Wird diese Toleranzgrenze überschritten, erwarte ich mir vom Zuspätgekommenen ungefragt eine Erklärung.
Erhalte ich diese nicht, frage ich nach.
In diesem Zusammenhang prüfe ich die erhaltene Antwort in zwei Richtungen:
Ist der Grund für die Verspätung aus meiner Sicht ernst zu nehmen oder nicht?
Ist er für mich nachvollziehbar und einsichtig, habe ich Verständnis.
Ist er es nicht, spreche ich meinen Ärger an und bitte darum, bei zukünftigen Treffen pünktlich zu sein.
Kommt jemand mehr als 30 Minuten ohne eine für mich ausreichende Erklärung zu spät, kündige ich im Wiederholungsfall

das Ende der Beziehung an. Die Schmerzgrenze ist erreicht. Hält jemand einen Termin nicht ein, d. h. er kommt nicht und meldet sich auch im Nachhinein nicht, dann breche ich die Beziehung ab. Die absolute Grenze ist erreicht.

Die Beziehung kann erst dann wieder aufgenommen werden, wenn sich diese Person meldet und mir für ihr Verhalten eine plausible Erklärung liefert bzw. sich entschuldigt. Das Handeln (Bringschuld) liegt hier bei der anderen Person.

Was geschieht, wenn ich meine Grenzen nicht kenne?
Wenn ich meine Grenzen nicht kenne, kann ich Grenzverletzungen durch andere nicht verhindern.

Ich werde von anderen verletzt, ohne dass diese etwas dafürkönnen. Sie wissen um meine Grenzen nicht Bescheid.
Ich fühle mich verärgert oder gekränkt, reagiere unter Umständen heftig und kann die Grenzverletzung für mich oder andere nicht benennen.

2.5 Wie erkenne ich die Grenzen anderer?

Oftmals sind uns die Grenzen anderer nicht klar. Am einfachsten ist es, wenn wir eine klare Aussage erhalten, in der eine Grenze oder Grenzverletzung mitgeteilt wird:
- „Ich möchte in der nächste Stunde nicht gestört werden!"
- „Jetzt reicht es mir aber!"
- „Wenn du das tust, dann werde ich …!"
- „Danke Mama, ich hab schon genug gegessen!"
- „Das schlägt doch dem Fass den Boden aus!"
- „Das lasse ich mir nicht gefallen!"
- „Was hast du in meinem Büro/Zimmer zu suchen?!"
- „Diese Aufgabe fällt in mein Ressort!"
- Chef zum Mitarbeiter: „Warum haben Sie mich nicht über Ihr Vorhaben informiert?!" (Der Chef ist in seiner Gesamtleitung übergangen worden; übergehen = über die Grenze von jemandem gehen.)

Jemandem seine Grenze zeigen
Der Chef informiert den neuen Mitarbeiter über dessen konkretes Aufgabengebiet, das gewünschte/geforderte Mitarbeiterverhalten, die Kleidungsvorschriften oder die Arbeitszeitregelungen in der Firma.

Grenzsignale
Marksteine bei Grundstücken, Zäune und Mauern um Besitzungen sind deutliche Signale einer Grenze gegenüber anderen. Manche Grenzen werden durch entsprechende Hinweise, Signalfarben oder Warnschilder verstärkt. Auf einem Schild am Zaun in der Nähe meines Büros ist zu lesen: „Achtung! Hier tut ein Hund seine Pflicht!"

Grenzen für Verkehrsteilnehmer
Uns allen geläufig sind die vielen Straßenmarkierungen bzw. -begrenzungen und Verkehrsschilder: „Rechts abbiegen verboten", „Einfahrt verboten", die Ampeln oder die vielen Geschwindigkeitsbeschränkungen. Sie sind die uns im Straßenverkehr gesetzten Grenzen, damit Verkehrsteilnehmer miteinander in Frieden leben können.
Im Wissen um das Verhalten von Autolenkern ist in New York auf einem Verkehrsschild zu lesen: „Halten und Parken verboten! Nicht 3 Minuten. Nicht 30 Sekunden. Gar nicht!"

Indirekte Grenzsignale
Vielfach werden Grenzen bzw. bereits erfolgte Grenzübertritte nicht so deutlich signalisiert. Vielmehr werden sie im Verhalten angedeutet. So zieht sich jemand aus dem Gespräch zurück oder ist in seinen Wortmeldungen sehr kurz angebunden. Er reagiert mit Flucht. Andere tun das Gegenteil: Sie fallen im Gespräch durch zynische oder sachlich unpassende Bemerkungen auf, sind bei Entscheidungen ohne ersichtlichen Grund dagegen oder verärgern die Gesprächsrunde mit ihren Fragen. Meist ist eine Grenzverletzung auch körpersprachlich sichtbar: Der Gesprächspartner dreht sich weg, verschränkt demons-

trativ seine Arme oder würdigt sein Gegenüber keines Blickes. Manche kommen auch demonstrativ zu spät zu Sitzungen, um ihre Verärgerung kundzutun.

Ein indirekter Ausdruck erfolgter Grenzverletzung kann sein, dass z. B. ein Mitarbeiter Aufgaben nur mehr halbherzig durchführt, sie zunehmend fehlerhaft erledigt oder ständig etwas vergisst.
Jedoch Vorsicht bei indirekten und körpersprachlichen Signalen: Sie können auch falsch gedeutet werden. Sie sollten daher auf die *Summe* der Signale in einer Situation achten. Noch besser: Fragen Sie nach. Teilen Sie der Person Ihren Eindruck mit.

Der Chef und sein Einkaufsleiter

Der Einkaufsleiter lief seinem Chef im Betrieb über den Weg. Dabei würdigte er seinen Chef keines Blickes. Der Chef merkte das und spürte, dass etwas nicht stimmte.

Bei einem Seminarbesuch erkannte er das Problem, nachdem er diese Situation näher betrachtet hatte: Ein Betrieb mit ca. 30 Mitarbeitern. Alle waren voll ausgelastet. Keiner der Mitarbeiter hatte Zeit, ein neues Projekt in Angriff zu nehmen. Nachdem der Chef ein neues Projekt unbedingt starten wollte und er um die Situation seiner Mitarbeiter wusste, übernahm er selbst dessen Leitung. So nahm er auch den Einkauf selbst in die Hand.

Genau das war der Auslöser, dass der Einkaufsleiter gekränkt reagiert hatte.

Der Chef hatte eine Grenzverletzung begangen, weil er sich in den Aufgabenbereich des Einkaufsleiters ohne vorausgegangene Absprache eingemischt hatte. Als Chef der Firma hatte er natürlich das Recht, selbst einzukaufen. Sinnvoll wäre jedoch gewesen, den Einkaufsleiter darüber zu informieren, dass er es tun würde. Das war die eigentliche Grenzverletzung. Besser wäre er vor dem Projekt zum Einkaufsleiter gegangen und hätte ihn gefragt: „Ich merke, du bist derzeit voll ausgelastet. Ist es für dich in Ordnung, wenn ich den Einkauf für das neue Projekt selbst erledige?"

Auch die häufige Abwesenheit eines Mitarbeiters aufgrund von Krankenständen und psychosomatischen Erkrankungen können ein Signal für erfolgte Grenzverletzungen sein.
Sportliche oder körperliche Leistungsgrenzen werden durch Erschöpfungszustände und Verletzungen deutlich:
„Wenn ich nicht Grenzen setze, setzt mir mein Körper Grenzen."

Zumeist werden mir die vielfältigen Grenzen anderer erst im Laufe eines längeren Miteinanders bewusst. So bleibt das Erkennen von Grenzen ein lebenslanges Programm. Zudem ändern Grenzen sich auch ständig.

2.6 Wie reagiere ich auf Grenzverletzung und Grenzüberschreitung?

> WER FÜR ALLES
> OFFEN IST,
> KANN NICHT
> GANZ DICHT SEIN!

Wie verhalte ich mich, wenn es darum geht, meine Grenzen zu verteidigen?
Wie gehe ich mit Grenzverletzungen um?

Nachfolgend möchte ich einige typische Verhaltensweisen darstellen, die bei der Grenzen-Übung häufig zu beobachten sind.

Ich reagiere sehr spät
Früher habe ich selbst viele Grenzverletzungen lange hingenommen. Erst wenn die Verletzungen schmerzlich genug waren, habe ich reagiert. Dann aber abrupt, ohne Diskussion und zum Teil sehr heftig.
So hatte ich mich in einem teuren Restaurant über die Bedienung innerlich sehr geärgert, weil es jedes Mal lange dauerte, bis jemand meine Bestellung aufnahm. Auf mein Essen musste ich ebenso lange warten. Nachdem dies einige Male der Fall gewesen war, besuchte ich das Restaurant nicht mehr. Ich habe dem Restaurantbesitzer meinen Ärger nie mitgeteilt. Ich bin einfach nicht mehr hingegangen.

Ich kann mich noch daran erinnern, wie ich selbst die Grenzen-Übung durchgeführt und mich dabei verhalten habe. Ich stand einerseits viel zu weit hinter meiner Reviergrenze. Andererseits habe ich erst auf den anderen reagiert, nachdem er bereits ein gutes Stück in meinen Bereich eingedrungen war.

Der Nachteil meines Verhaltens war, dass der andere meine tatsächliche Reviergrenze dort vermutete, wo ich zu reagieren begann.

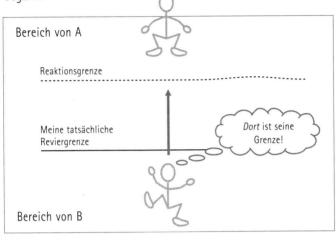

Genauso erging es mir bis dahin in vielen Situationen. Da ich gegenüber anderen viel zu spät auf Grenzverletzungen reagierte, kam niemand auf die Idee, dass er meine eigentliche Grenze schon lange überschritten hatte. Ich stand – im Bild der Grenzen-Übung gesprochen – viel zu weit hinten, akzeptierte kleinere und größere Grenzverletzungen. Die Grenzverletzer hatten keinen Schimmer davon, dass sie sich in meinem Revier aufhielten.

Vor dieser Erkenntnis hatte ich es hingenommen, wenn mein Sohn Marco bei gemeinsamen Autofahrten meine Kassette ungefragt aus dem Autoradio herausgenommen und seine abgespielt hatte. Als es wieder so weit war, reagierte ich nun anders: „Stopp! Das ist mein Radio. Frage mich, wenn du was möchtest!"

Mittlerweile habe ich auch gelernt, z. B. bei einer Veranstaltung ein Getränk abzulehnen oder ein volles Glas zurückzugeben, wenn es mir aufgedrängt oder mir unaufgefordert nachgeschenkt wird:

- Ich erlaube das Nachschenken oder bitte darum, wenn ich es wirklich möchte.
- Wenn mir ungefragt eingeschenkt worden ist und ich auch noch zu trinken wollte: „Danke, dass du mir eingeschenkt hast. Aber bitte frage mich das nächste Mal."
- Ich lehne ab, wenn ich nichts mehr möchte: „Danke. Ich trinke nichts mehr."
- Ich würdige den Geber: „Danke für die gute Absicht, aber ich kann nicht mehr."

Ich reagiere zu wenig entschieden

Sobald die Person gegenüber auf die Grenze zugeht, starten manche sofort zur Grenzlinie. Heftig gestikulierend wird auf die Grenze hingewiesen. Zwei unterschiedliche Verhaltensweisen sind festzustellen:

Es wird auf die Grenze aufmerksam gemacht. Der Grenzübertritt wird jedoch ohne Aufhebens zugelassen.

Andere wehren sich leicht. Mit etwas Druck gelingt es dem Gegenüber, die Grenze doch zu überschreiten.

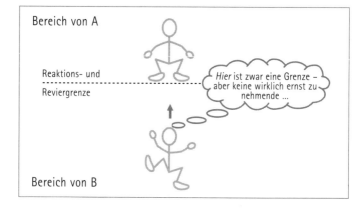

NEIN sagen und JA tun

Ein Chef kam eine viertel Stunde vor Dienstschluss zum Mitarbeiter mit einer Aufgabe und der Bitte, diese noch zu erledigen. Chef und Mitarbeiter wussten, dass diese Arbeit mehr als eine viertel Stunde in Anspruch nehmen würde. Der Mitarbeiter zum Chef: „Nein, heute kann ich das nicht mehr erledigen!" Er lehnte die Arbeit ab.
Nach einer Stunde legte er sie erledigt auf den Tisch seines Chefs.

> SAGE NICHT JA,
> WENN DU NEIN SAGEN WILLST.

Ich möchte an mein Beispiel vom Kaffeetrinken bei meiner Schwiegermutter erinnern: Obwohl ich keinen Kaffee wollte, habe ich ihn doch immer wieder getrunken. Ich habe zirka drei Monate gebraucht, meine Grenze klar zu verteidigen, d. h. den Kaffee nicht mehr zu trinken und die volle Tasse meiner Schwiegermutter zurückzugeben. Erst als ich das tat, reagierte sie darauf. Seither bekomme ich bei meiner Schwiegermutter Tee.
Apropos Besuch:
Es ist offenbar ein eingespieltes Ritual in unserer Besuchskultur, dass der Gast, wenn ihm Essen angeboten wird, aus Höflichkeit zuerst „NEIN, danke!" sagt. Die Gastgeber interpretieren dieses NEIN als JA und bereiten ein paar „Kleinigkeiten" zu. Das Ritual schließt, in dem der Gast das Servierte mit großem Appetit isst.

Ich grenze mich frühzeitig ab
In der Grenzen-Übung positionieren sich manche sicherheitshalber vor ihrer Reviergrenze, um den anderen schon im Vorfeld abzuwehren.

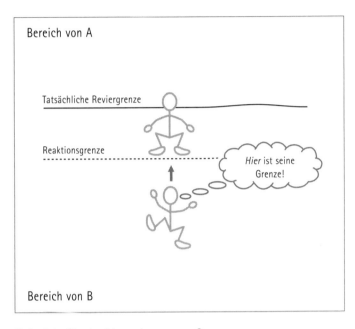

Beispiele für das Vorverlegen von Grenzen:
- Ein Mitarbeiter sagt vorbeugend zu einer Aufgabe NEIN.
- In Verhandlungen mit Kunden werden Preisgrenzen vorverlegt, um Spielraum für Nachlässe oder Skonti zu haben.

Ein junger Mann fragte mich bei einem Seminar, was er tun könne, damit seine Frau seine Grenzen in der Partnerschaft nicht verletze. Ich bat ihn, die Grenzen-Übung mit einer Seminarteilnehmerin auszuprobieren. Die Übung zeigte Folgendes:

Sobald die Frau ein bis zwei Meter vor der Grenze des Mannes auftauchte, startete er in ihr Revier, um sie bereits dort wegzudrücken.
Ein Verhalten, das er aus seiner Partnerschaft kannte, wie das anschließende Gespräch ergab. Aus Angst vor eigenen Grenzverletzungen war ihm nicht mehr bewusst, welche Grenzverletzungen er mit seiner Verteidigung bei seiner Frau beging.

Ich verteidige meine Grenze mit
aller Kraft und Aufmerksamkeit

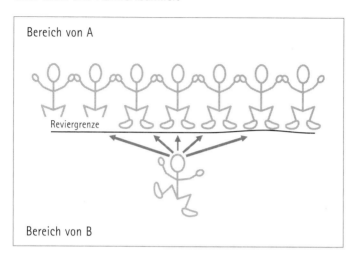

Der Seemann

Der Kapitän eines Schiffes startete bei der Grenzen-Übung sofort zur Grenzlinie und verteidigte diese vehementest vor dem heranstürmenden Übungspartner, der zudem aktiv Judo betrieb. Nach ca. 20 Minuten heftigster Grenzverteidigung durch den Seemann richtete sich dieser auf und sagte: „So möchte ich nicht leben. Da werde ich steif, unbeweglich und wäre gegenüber anderen nur mehr misstrauisch. Bei einer derartigen Grenzverteidigung fühle ich mich wie ein Wachhund, der den Hof zu verteidigen hat. Nein, so möchte ich nicht leben."

Genau in diesem Moment überschritt der Judoka die Grenze. Der Seemann sah das, packte ihn, wies ihn auf die Grenze hin und geleitete ihn aus seinem Revier. Nach einer kurzen Pause meldete sich der Kapitän nochmals zu Wort und sagte: „Ich habe etwas Wichtiges für mein Leben begriffen. Ich kann nicht davon ausgehen, dass ich meine Grenze immer verteidigen kann. Es gibt immer wieder Momente, in denen ich zu wenig wachsam bin und es jemandem gelingt, über meine Grenze zu gehen. Wenn ich bemerke, dass jemand meine Grenze verletzt hat, muss ich jedoch sofort reagieren."

Ich reagiere mit einer Gegengrenzverletzung
B geht über die Grenze von A. Dafür wechselt A in das Revier von B.

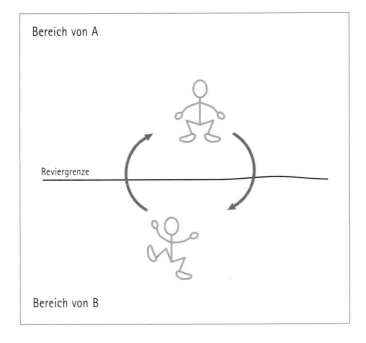

Der Hotelbesitzer

Ein Hotelbesitzer brachte folgendes Problem ins Seminar ein:

Er bekam in seinem Hotel immer wieder Besuch von seiner Mutter. Bei diesen Besuchen hatte sie die Angewohnheit, im Hotel Blumenstöcke umzustellen.

Sobald sich die Mutter verabschiedet hatte, stellte er die Blumenstöcke wieder an den alten Platz zurück.

Auf die Frage des Sohnes an die Mutter, warum sie denn in seinem Hotel die Blumenstöcke umstellen würde, gab diese zur Antwort: „Lieber Sohn, ich tu es, damit du es schöner hast!"

Er bat die Seminarteilnehmer um Ideen, was er tun könnte, um das Verhalten seiner Mutter abzustellen.

Eine Seminarteilnehmerin: „Nächstes Mal, wenn sie kommt, fahre zu ihrem Haus und stelle bei ihr die Blumenstöcke um!"

Gesagt, getan. Als seine Mutter das nächste Mal in sein Hotel kam, fuhr er zu ihrem Haus und stellte ihre Blumenstöcke um. Als seine Mutter am Abend nach Hause kam, dauerte es nicht lange, und es klingelte das Telefon des Sohnes. Am anderen Ende der Leitung war die Stimme seiner Mutter zu vernehmen: „Was hast du dir dabei gedacht, bei mir die Blumenstöcke umzustellen?" Darauf der Sohn: „Liebe Mutter, ich wollte eigentlich nur, dass du es schöner hast!"

> Mit Grenzübertritten,
> die aus Liebe geschehen,
> ist am schwierigsten umzugehen.

Das Kühlhaus

Ein Seminarteilnehmer berichtete mir, dass er in seinem Betrieb kurz vor der Kündigung stünde, weil er mit seinem Chef, dem Besitzer des Unternehmens, nicht zurechtkäme. Der Seminarteilnehmer war in diesem Betrieb Produktionsleiter und verantwortlich für einen Bereich mit etwa hundert Mitarbeitern.

Bei der Grenzen-Übung zu dieser Problemsituation passierte dann Folgendes:

Der Produktionsleiter und der Unternehmer wechselten ihre Seiten. Der eine ging in den Bereich des anderen und umgekehrt.*

Wir hatten beim Seminar keine Gelegenheit mehr, dies näher zu besprechen.

Einige Wochen später traf ich den Seminarteilnehmer und fragte ihn, ob er noch in diesem Betrieb arbeiten würde, da er von einer möglichen Kündigung gesprochen hatte. Er bejahte dies und sagte, dass er sich nun in diesem Betrieb sehr wohl fühle.

Auf die Frage, wie diese Situationsveränderung passiert sei, antwortete er, dass die Grenzen-Übung dafür ausschlaggebend gewesen sei:

Wenn der Unternehmer zu ihm kam und ihn fragte, warum er denn den Kühlraum nicht aufräume, dann sagte er nichts darauf. Die Folge war, dass der Unternehmer selber in den Kühlraum ging und diesen in Ordnung brachte. Diese Tätigkeit nahm mehrere Stunden in Anspruch. Inzwischen war jedoch für andere Mitarbeiter kein Chef für Anfragen und Entscheidungen vorhanden. So kamen die Mitarbeiter damit zum Produktionsleiter. Dadurch hatte in dieser Zeit der Betriebsleiter die Stelle und die Aufgaben des Chefs übernommen. Dieser Rollentausch vollzog sich auch bei weiteren Gelegenheiten. So war es ein anderes Mal ein zu entleerender Lastwagen. Der Unternehmer fragte zwar beim Produktionsleiter an, warum denn dieser sich nicht um das Entladen kümmere, ging jedoch selbst zur Laderampe und packte mit an. Wiederum war in der Zwischenzeit der Chef nicht verfügbar und die Arbeiter gingen mit ihren Fragen zum Produktionsleiter. Aus dieser gegenseitigen Revierübernahme resultierte jede Menge Streit.

> Es ist eine Krankheit der Menschen, ihr eigenes Feld zu vernachlässigen, um in den Feldern anderer nach Unkraut zu suchen.
>
> Vicki Baum

Die Lösung war, dass bei einem Zusammentreffen der beiden eine Klärung der Reviergrenzen und Verantwortungsbereiche erfolgte.

Wie du mir, so ich dir
Viele tun sich sehr schwer, der erlebten Grenzverletzung in der unmittelbaren Situation Einhalt zu gebieten. Sie fühlen sich dann als Opfer. Aus dieser Rolle heraus werden sie selbst zum Täter und rächen sich mit einer Gegengrenzverletzung.

Die Mutter ist zu Besuch

Eine Mutter besuchte ihren Sohn in seiner Wohnung. Als sie dort angekommen war, begutachtete sie die Wohnung ungebeten nach Sauberkeit und Ordnung. Sie sah im Kleiderschrank nach und prüfte, ob die Blumen ausreichend mit Wasser versorgt seien. Dabei sparte sie nicht mit gut gemeinten, jedoch für ihn belehrend wirkenden Kommentaren.
Die Aktion seiner Mutter ärgerte ihn. Er sagte jedoch nichts. Aus Rache besuchte er seine Mutter an den darauf folgenden Sonntagen nicht wie sonst üblich. Er wusste, dass sein Besuch der Mutter wichtig wäre und sein Fernbleiben sie verletzen würde.

Schluss mit der Rache
Eine reife Form des Umgangs mit Grenzverletzungen ist, sich nicht in den Kreislauf von Grenzverletzung und Gegengrenzverletzung hineinziehen zu lassen, sondern damit aufzuhören. Beginnen Sie rechtzeitig damit, NEIN zu sagen und die eigenen Grenzen zu verteidigen.

2.7 Was ist der Unterschied zwischen Grenzverletzung und Grenzüberschreitung?

Die Pommes frites von Manuel

Ich besuchte mit meinem jüngeren Sohn Manuel ein gediegenes Restaurant. Manuel bestellte sich eine Portion Pommes frites. Ich hatte zwar auch Gusto auf Pommes, getraute mich jedoch keine zu bestellen.
Als Manuel die Pommes gebracht wurden, wollte ich mir ein Stück davon nehmen und griff danach. Manuel sah dies und klopfte mir mit seiner Gabel auf die Finger: „Vati, Grenzverletzung!"
Eine Frage oder Bitte um Erlaubnis hätte wohl genügt und es wäre aus der Grenzverletzung eine legitimierte Grenzüberschreitung geworden. Mein Sohn hätte mir sicherlich ein paar Pommes überlassen.

2.8 Wie überschreite ich eine Grenze richtig, wenn ich sie überschreiten will oder muss?

Das Allerwichtigste ist: sich darüber kundig machen, wo Grenzen verlaufen bzw. Reviere vorhanden sind. Diese können auch direkt erfragt werden.
Ich bin zum Essen eingeladen und werde gebeten, am Tisch Platz zu nehmen. Ich erkundige mich, ob es eine Sitzordnung gibt.
Das Zweitwichtigste ist: vor der Grenze Halt machen, um Erlaubnis für den Grenzübertritt bitten und die Zustimmung abwarten.
Eine Situation aus dem täglichen Leben. Ich möchte das Büro oder Zimmer einer Person betreten:

Vor der Tür stehen bleiben, auch wenn diese offen stehen sollte, anklopfen und fragen, ob ich eintreten darf. Erst nach erfolgter Zustimmung eintreten.
Die Alltagspraxis in Büros sieht manchmal anders aus. Vielleicht kennen Sie das: Jemand kommt in Ihr Zimmer, ohne anzuklopfen, oder er klopft zwar kurz an die Tür, tritt aber, ohne ein „Ja, bitte!" abzuwarten, ein. Daraufhin überhäuft er Sie gleich mit Neuigkeiten: „Du, in der Sache Meyer hat sich Folgendes ergeben …" Dabei sind Sie selbst gerade mit anderen Dingen beschäftigt und Sie werden von dieser Situation überrollt.

Eine ähnliche Situation ergibt sich für den telefonischen Grenzübertritt:
Halt machen und um Erlaubnis für den Grenzübertritt fragen heißt hier, am Telefon nicht gleich mit meinem Anliegen loslegen, sondern erst mitteilen, dass ich etwas besprechen möchte. Zur Orientierung kann ich kurz das Anliegen und meine vermutete Gesprächsdauer mitteilen. Nun kann die andere Person ihre generelle Erlaubnis aussprechen (JA/NEIN) und die Form des Grenzübertritts klären (Gespräch jetzt sofort oder erst später, am Telefon oder persönlich).
Für immer wiederkehrende Situationen von Grenzübertritten im Arbeits- oder privaten Bereich ist es sinnvoll, generelle Vereinbarungen bzw. Regelungen zu treffen. Sie vereinfachen das Miteinander und geben den Beteiligten Sicherheit beim Grenzübertritt.

Ein berufliches Beispiel zwischen Chef und Sekretärin:
Es ist klar vereinbart, wann sie, ohne anklopfen zu müssen, das Chefbüro betreten darf. Es ist festgelegt, wo sie die Post auf dem Schreibtisch deponiert und welche Termine sie in seiner Abwesenheit vergeben kann.

Diese Vereinbarungen bzw. Regelungen gelten so lange, bis neue getroffen werden.

Die Schwiegermutter putzt

Die Mutter putzt schon seit längerer Zeit die Wohnung des Sohnes, der zwar im selben Haus, jedoch in einer eigenständigen Wohneinheit lebt.

Als der Sohn heiratet und seine Frau in die Wohnung einzieht, kümmert sich die Mutter auch weiterhin um die Reinigung der Wohnung. Dieses Angebot der Schwiegermutter ist mehr oder minder stillschweigend angenommen worden.

Die neue Schwiegertochter empfindet in der Anfangssituation diesen Dienst als sehr angenehm und große Hilfe, da sie dadurch weiterhin ihrem Vollzeitjob nachgehen kann. Zeitweise übernimmt die Schwiegermutter auch andere Hilfen im Haushalt des neuen Paares.

Zunehmend fühlt sich die Schwiegertochter nicht mehr wohl. Ihr Grundgefühl: Sie wohnt in einem Haus, das ihr nicht gehört. Sie hat mit ihrem Partner kein wirklich eigenes Revier. Da die Schwiegermutter in ihrer Hilfsfunktion in der Wohnung ein und aus geht, engt sie diesen Raum spürbar ein. Diese Summe an Faktoren hat zur Folge, dass es die Schwiegertochter zunehmend vermeidet, sich in der Wohnung aufzuhalten. Teilweise kommt sie erst sehr spät oder gar nicht nach Hause. Sie übernachtet dann bei Freunden und fährt von dort zur Arbeit. Da – aus welchen Gründen auch immer – die Situation nicht angesprochen und geklärt wird, kommt es zu keinen neuen Vereinbarungen, welche das Miteinander im Haus, das Betreten der Wohnung und die Mithilfe und Zusammenarbeit im Haushalt neu regeln würden.

3 Wie verteidige ich meine Grenzen?

3.1 Wie stelle ich das Einhalten meiner Grenzen sicher?

Viele wichtige Lösungsansätze sind bereits in den bisherigen theoretischen Ausführungen, den vielfältigen Verhaltensweisen bei der Grenzen-Übung und den erzählten Geschichten angesprochen worden. Hier weitere Empfehlungen:

Probieren Sie die Grenzen-Übung selbst aus

Ich kann Ihnen das nur empfehlen. Laden Sie Ihren Ehepartner, Ihren Lebensgefährten, einen Freund ein, diese Übung miteinander zu probieren. Sie werden erleben, was es für einen Unterschied macht, über diese Übung zu lesen oder sie ausprobiert zu haben. Sie werden enorme Erkenntnisse über Ihr Verhalten gewinnen. Nicht nur das: Wenn Sie diese Übung z. B. mit Ihrem Ehepartner durchführen, wird sie nicht bloß ein Ausprobieren sein. Sie werden ihre konkreten gemeinsamen Revier- und Grenzthemen zum Thema machen. Diese Übung wird für Sie zur hilfreichen Brücke, Ihr Miteinander neu anzugehen.

Grenzverletzungen durch ein „Aua!" signalisieren

Die eine Seite erfolgreicher Grenzverteidigung ist, Grenzverletzungen überhaupt wahrzunehmen, die andere, den für mich damit verbundenen Ärger oder Schmerz auch zu zeigen. Grenzverletzung hat mit Verletzung zu tun. Wenn ich das Ausmaß der Verletzung anderen nicht signalisiere, ist diesen nicht bewusst, wie sehr sie mich verletzt haben.

Wie kann ich das in der Praxis umsetzen?
Besser ist es, die Verletzung in der ICH-Form zu äußern und nicht in einem beschuldigenden DU:

- „Ich bin verärgert über ..."
- „Mich stört, dass ..."
- „Ich bin echt sauer, weil ..."

Grenzen durch klare Signale sichtbar machen
Ich kann selbst dafür sorgen, dass meine Grenzen nicht so schnell überlaufen werden, indem ich Stoppsignale aufstelle, die meine Reviere andeuten.

Tipps für das Büro:
- Schließen Sie die Tür, wenn Sie nicht gestört werden wollen.
- Legen Sie fixe Besprechungszeiten fest.
- Legen Sie Regelungen für telefonische Kontakte/Störungen fest.
- Hängen Sie ein Schild an die Tür: „Bitte nicht stören!"
- Stellen Sie sichtbare Signale der Abgrenzung zwischen Arbeitsrevieren auf, z. B. zwischen Schreibtischen: Grünpflanzen, Blumen, Behälter für Schreibmaterialien, Ablageboxen, Bilderständer, Stellwände (Paravents) u. a. m.

Rücken an Rücken

Eine Bekannte erzählte kürzlich von einer Begebenheit mit ihrem Arbeitskollegen. Die Schreibtische sind in diesem Unternehmen so angeordnet, dass die Mitarbeiter Rücken an Rücken sitzen, was ohnehin nicht sehr angenehm ist. Jedes Mal wenn ihr Kollege etwas von ihr brauchte oder ihr etwas gab, rollte er mit seinem Bürosessel zurück und drang so in ihr Revier ein. Inzwischen siedelten einige Mitarbeiter aus den Nebenbüros um und eine ganze Menge Mobiliar blieb dort übrig. Nach einem kleinen Rundgang in diesen

Büros fand sie eine einfache Lösung des Problems. Ein kleines Kästchen wurde in die Mitte gestellt und damit eine sichtbare Markierung angebracht. Ein Eindringen in ihr Revier war jetzt nicht mehr möglich.

Möglichkeiten, den Grenzübertritt zu erschweren
- Sperren Sie Ihr Revier ab: Büro, Zimmer, Kasten oder ein wichtiges Schreibtischelement.
- Entscheiden Sie, wer einen Schlüssel zu Ihrer Wohnung haben und wer sie wann betreten darf, wenn Sie nicht anwesend sind. Wechseln Sie gegebenenfalls das Türschloss aus, damit bestimmte Personen nicht mehr ohne Ihr Wissen, Beisein oder Ihre Erlaubnis Zutritt haben.
- Bringen Sie Sicherheitseinrichtungen wie Türwächter, Schlösser oder eine Alarmanlage an, wo ein höherer Schutz ratsam oder sinnvoll ist.
- Sichern Sie Ihren PC oder Ihr Sparbuch mit einem geeigneten Codenamen bzw. Lösungswort. Es hat sich bewährt, einen Code zu verwenden, der Buchstaben *und* Zahlen beinhaltet. Zudem sollte er weder mit Ihrem Vor- oder Nachnamen noch mit der Firma bzw. Institution, in der Sie arbeiten, in Verbindung zu bringen sein.

Für Männer oder Frauen, die sich bei der Verteidigung auf körperlicher oder sprachlicher Ebene schwer tun, kann ein Selbstverteidigungskurs oder ein Rhetorikseminar hilfreich sein. Gerade das innere Bewusstsein, sich gegebenenfalls auch mit stärkeren Waffen verteidigen zu können, ist ein entscheidender Faktor dafür, seine Grenzen erfolgreich zu verteidigen.

Grenzen auf körperlicher, seelischer und geistiger Ebene verteidigen zu lernen wirkt wie eine medizinische Gesundheitsvorsorge: Ich bin gerüstet für allfällige Angriffe von außen. Ich erkenne sie rechtzeitig und kann Eindringlinge erfolgreich abwehren.

Hilfe holen

Es kann immer wieder vorkommen, dass ich mit einer übernommenen Aufgabe, einer Situation oder in einem Konflikt an meine Grenzen stoße.

Sich dann Hilfe zu holen ist keine Schande!

- Vielleicht leiden Sie unter der Situation, dass Ihr Nachbar ständig zu laut ist. Das Gespräch mit ihm und der Hausverwaltung hat nichts gebracht. Wenden Sie sich an die Gendarmerie bzw. Polizei.
- In der Arbeitswelt kann es notwendig sein, dass Sie sich beim Betriebsrat, Ihrer Innung oder Kammer Rat und Schützenhilfe holen, um Ihre Interessen zu verteidigen.
- Kümmern Sie sich um rechtlichen Beistand im Klage- oder Schadensfall.
- Suchen Sie Rat und Hilfe bei Gewalt oder entsprechenden Androhungen. Es gibt viele Einrichtungen und Notrufdienste des Landes oder gemeinnütziger Vereine, die helfen, wirksam eingreifen oder Sie vor weiterer Bedrohung schützen können.

Ich habe Angst, eine Grenze zu setzen

Ängste hindern Menschen daran, Grenzen zu setzen.

Die Hauptangst ist, mit der Verteidigung der eigenen Grenze die Liebe, Zuwendung oder das Vertrauen von Personen zu verlieren.

Mutter zum Kind: „Wenn du die Suppe nicht isst, mag ich dich nicht mehr."

Oma zum Enkel: „Wenn du mir kein Busserl gibst, bin ich schon sehr traurig."

Gegenüber Kollegen im Betrieb:

Wenn ich zu etwas NEIN sage, mache ich mich unbeliebt, gelte als Spielverderber und bin nicht mehr der nette Kollege.

Des Weiteren ist es die Angst, verletzt zu werden bzw. jemanden zu verletzen (Angst vor dem daraus resultierenden

Schmerz bei mir oder beim anderen). Diese Angst hindert uns oft daran, Kritik zu äußern.
Die Angst vor Aggressionen anderer Personen – vom Wutausbruch bis zur körperlichen Gewalt. Ich lasse Grenzverletzungen an mir zu, damit diese Aggression ausbleibt oder sich nicht verschlimmert.

Manchmal ist es auch die Angst vor dem eigenen ungelebten Aggressionspotenzial: die Befürchtung, außer Kontrolle zu geraten, wenn ich mich zur Wehr setze.
Oder ich habe Angst vor der Vergeltung, wenn ich zu etwas NEIN sage. Ich befürchte, beim nächsten Mal kein Entgegenkommen vom Nachbarn oder von der Kollegin erwarten zu können, wenn *ich* einmal etwas brauche.

Wenn ich mich gegenüber dem Chef abgrenze und ich ihm so manchen „Gefallen" verweigere, entzieht er mir vielleicht sein Vertrauen und bindet mich nicht mehr in innerbetriebliche Vorgänge ein. Unter Umständen rückt durch ein NEIN meine Beförderung in weite Ferne oder mein Chef gibt mir zusehends unangenehme Arbeiten. Im Extremfall befinde ich mich auf der „Abschussliste" weiter oben, wenn es um Kündigungen geht.
Manche Angst mag begründet sein. Angst ist auch manchmal ein guter Schutz vor unüberlegtem Verhalten oder zu großem Risiko. Andererseits zeigt die Erfahrung, dass die vermuteten Reaktionen auf mitgeteilte Grenzen oder NEINs selten mit den tatsächlichen Reaktionen der anderen übereinstimmen. Oft schaffen gerade klare Grenzen mehr Zufriedenheit auf beiden Seiten, denn sie beenden das Spiel scheinbarer Harmonie. Die Chance zu echter Kooperation zwischen Vorgesetztem und Mitarbeiter beginnt dort, wo Grenzen von beiden Seiten zuerst klar sind und dann respektiert werden. Auf dieser Basis kann verhandelt und eine Lösung gefunden werden.
Oft ist nicht die mitgeteilte Grenze oder das NEIN das Problem. Wichtig ist ein Gespür für die *Situation*, für die *Art und Weise*, eine Grenze zu setzen. Es gilt, Grenzen liebevoll zu setzen,

d. h. ich respektiere das Revier und die Interessen meines Gesprächspartners. Das kann auch der Vorgesetzte sein. Zugleich respektiere ich auch mein Revier, meine Grenzen und Interessen.

Auf meine inneren „Knöpfe" achten
Es sind nicht allein verschiedene Ängste, die eine erfolgreiche Grenzverteidigung verhindern können. Bildlich gesprochen hat jeder Knöpfe an sich, auf die andere nur zu drücken brauchen, und wir machen Dinge oder lassen diese zu, obwohl wir das im Grunde nicht möchten.

Ich bin mir dieser Knöpfe selbst erst 1984 im Rahmen einer Ausbildung bewusst geworden. So war es für mich bis dahin ein wunder Punkt, dass ich immer mehr Arbeit angehäuft hatte, als ich wollte. Dabei kam ich drauf, dass es an mir den „Anerkennungsknopf" gab, den der Chef nur drücken musste, und ich konnte eine neue Aufgabe nicht ablehnen. „August", sagte er, „das kannst nur du!" Und schon war es passiert. Als ich mir dessen bewusst wurde, läutete dann beim nächsten Mal die innere Alarmglocke.

Grundsätzlich unterscheidet man zwei Kategorien von Knöpfen für Grenzverletzungen:
- Der eine veranlasst mich, etwas zu tun, was ein anderer will. (Anerkennung: „August, das kannst nur du!")
- Der andere sticht in eine offene Wunde. So manches Reizwort genügt, und ich fühle mich getroffen, verletzt, raste aus oder ziehe mich verwundet zurück (z. B. die Idealfigur bei Menschen ansprechen, die unter ihrem Übergewicht leiden).

Meine Kollegen, mein Chef, der Lebenspartner oder die Freunde wissen oft sehr gut über meine Knöpfe Bescheid. Sie wissen, wo meine Achillesferse ist, welche Knöpfe sie bei mir drücken müssen, damit ich nachgebe oder verärgert bin.
Überlegen Sie für sich selbst: Was muss jemand zu Ihnen sagen, damit Sie herumzukriegen sind und nicht NEIN sagen?

Hier ein paar solcher Knöpfe:
Der Anerkennungsknopf
„Wenn ich die Aufgabe Ihnen übertrage, dann weiß ich, dass ich mich auf Sie verlassen kann."
„Sie machen das toll. Keiner macht das so gründlich wie Sie!"
Der Klein-und-schwach-sein-Knopf
Hier handelt es sich um eine Art Hilflosigkeitstrick.
Die ausgesandte Botschaft:
„Ich tu keinem was. Füge mir du daher auch kein Leid zu."
„Ich bin schwach. Bitte verletze mich nicht! / Bitte hilf mir!"
„Da kenne ich mich überhaupt nicht aus. Können Sie mir bitte helfen?"
„Sie sind so stark. Ich bräuchte da jemanden, der mir ..."
Der Bestechungsknopf
Ich erkaufe mir den Grenzübertritt:
„Wenn Sie diese Aufgabe übernehmen, werde ich Sie bei der Vergabe des nächsten großen Projekts sicherlich nicht vergessen."
Der Konkurrenzknopf
„Wollen Sie tatsächlich, dass Herr Müller Ihnen das Projekt wegschnappt?"
Der Machtknopf
Einflussnahme über Druck, Erpressung und Androhung von Konsequenzen:
„Wenn Sie das nicht machen, dann werden sie mit ... rechnen müssen!"
Der Neugierknopf
„Ich hab da was Neues für Sie. Hätten Sie kurz zehn Minuten Zeit?"
Vielen wird es schwer fallen, hier NEIN zu sagen. Die Neugier lockt und schon ist die Grenze in mein Revier durch den anderen überschritten.
Die NEUgierde-Strategie wird nicht zuletzt mit Erfolg im Verkauf eingesetzt.
Wer kennt das nicht, vieles zu kaufen, was man eigentlich gar nicht braucht – nur weil es NEU ist.

Der Fähigkeitsknopf
Meine Kompetenz wird infrage gestellt:
„Das werden Sie doch können!?"
„Sie sind unfähig, wenn Sie das nicht zustande bringen!"
Der Leistungsknopf
Meine Belastbarkeit und Einsatzbereitschaft werden infrage gestellt:
„Das wird doch bis morgen zu schaffen sein – *oder*?!"
Der Trojanische Knopf
Ich täusche einen Vorwand A vor, um mir für Interesse B Zutritt zu verschaffen.
(Klopf, klopf ...) „Hallo, Herr Kollege, haben Sie aber ein schönes Büro! Sehr geschmackvoll eingerichtet ... und die Sitzmöbel! Gefällt mir! Man spricht ja über Sie in den höchsten Tönen. Wie geht es Ihnen bei uns nach den ersten Tagen?" (Und schon stehe ich in seinem Büro.) Mein Interesse: Ich will sehen, wie mein neuer Kollege arbeitet, wie ordentlich er ist und was an seinen Wänden hängt.
Nach solchen Lobeshymnen wird sich mein Kollege schwer tun, mich vor die Tür zu setzen.

> LOCK DEN KAISER IN EIN HAUS AM MEER,
> DAS EIGENTLICH EIN GETARNTES SCHIFF IST
> (MIT DEM MAN DAS FESTLAND
> VERLASSEN KANN).
>
> Aus: „Lock den Tiger aus den Bergen"

Der Sympathieknopf
Wenn jemand höflich ist, ich ihn gut kenne oder ich mit jemandem befreundet bin, dann wird es mir schwer fallen, ihm ein Anliegen auszuschlagen.
Der Überrumpelungsknopf
Momente der Unachtsamkeit, Uninformiertheit oder geistigen

Abwesenheit werden ausgenützt. Beispielsweise jemandem eine Entscheidung in einem Augenblick abringen, in dem er mit einer ganz anderen Sache beschäftigt ist und nur deshalb zustimmt, damit er wieder seine Ruhe hat.

Der Kleine-Finger-Knopf
Aus einer einmaligen Erlaubnis wird ein mehrmaliges Recht abgeleitet: „Letztes Mal war es für dich doch auch kein Problem, dass ich dein Handy benutze."
Eine aus Gefälligkeit übernommene Aufgabe wird zu einer ständigen Verpflichtung: „Denken Sie nicht auch, dass es Sinn macht, wenn Sie diese Aufgabe auch weiterhin übernehmen?! Sie sind schon eingearbeitet. Geben Sie sich einen Ruck!"

3.2 Liebevoll Grenzen setzen und NEIN sagen – wie geht das?

> JEDES NEIN
> ZUM ANDEREN
> IST EIN JA ZU
> MIR SELBST.

Grenzen müssen bekannt sein
Unklare Grenzen führen oft zu Missverständnissen, Spannungen und Ärger.
Um diese weitestgehend zu vermeiden, werden in vielen Bereichen Regelungen und Verträge festgelegt.
Dazu gehören alle Formen von Regelungen, die für das Miteinander im beruflichen und privaten Bereich relevant sind. Beispiele dafür sind Regelungen und Verträge im Betrieb, die die Arbeitszeit, die Aufgaben und Kompetenzen oder die Firmenkultur betreffen. In Wohnobjekten sind es Hausordnungen, in denen u. a. das Benützen von gemeinsamen Räumen oder Anlagen festgelegt ist. So hat man mit dem Kauf

einer Wohnung auch die Hausordnung unterschrieben und damit anerkannt.
Ähnliches gilt bei anderen Verträgen oder Kaufabschlüssen. So buchen Sie nicht nur einen Urlaub im Reisebüro. Sie und Ihre Vertragspartner vereinbaren damit unzählige Rechte und Pflichten. Ich meine damit das so genannte Kleingedruckte. Ziel ist, dass Reviere und Grenzen rechtzeitig bekannt gemacht werden und nicht erst im Schadensfall darum gestritten werden muss.
Gerade im privaten Bereich, z. B. in einer Hausgemeinschaft, ist es sinnvoll, wichtige Aspekte des Zusammenlebens zu regeln und zu vereinbaren. Es muss nicht alles schon *vorher* und *schriftlich* festgelegt werden. Aber auch das ist in manchen sensiblen Bereichen sinnvoll – sei es das Weggehen am Abend, das Kümmern um die Kinder oder die Finanzen für den gemeinsamen Haushalt.
Der Ärger ist meist größer, wenn man für Regelverletzungen bestraft wird, von denen man nichts wusste. Grenzverletzungen können jedoch ein guter Anlass sein, Grenzen zu klären und Konsequenzen für spätere Grenzverletzungen festzulegen.
Auch in der Zusammenarbeit von Vorgesetzten und Mitarbeitern ist es sinnvoll, vieles vorab klar auszusprechen und zu vereinbaren. Das beginnt mit dem beruflichen Einstieg, wenn es um meinen Dienstvertrag geht. Ähnliches gilt vor der Übernahme von oder der Mitarbeit in Projekten. Eine der größten Gefahrenquellen für späteren Ärger und Grenzverletzungen sind unausgesprochene Vermutungen und Annahmen auf beiden Seiten. Überprüfen Sie wichtige Dinge der Zusammenarbeit und das, was gilt, ehestmöglich vorher.

Eine Grenze klar und eindeutig formulieren
„Ich möchte nicht, dass ..."
Ob *schlechtes Gewissen* in meiner Grenzziehung mit im Spiel ist, lässt sich meist an der gewählten Formulierung der Begründung erkennen. Sie ist schwammig und verwirrend. Die

Sätze sind meist lang und kompliziert. Im Tonfall wirke ich dann wenig sicher und entschuldigend.

Eine Grenze (ein NEIN) begründen
und sich nicht dafür rechtfertigen
„Ich möchte es nicht, weil ..."
Es ist wichtig, dort eine Grenze zu setzen, wo es aus meiner Sicht notwendig ist. Dafür brauche ich kein schlechtes Gewissen zu haben. Die *Begründung* gibt dem anderen die Chance, meine Entscheidung nachvollziehen zu können. Ein unbegründetes NEIN wird meist als Liebesentzug empfunden oder wird von Betroffenen als Machtgehabe und Geringschätzung wahrgenommen.

Tumult in der Schule

In diesem Zusammenhang hatte ich einmal mit dem Hilferuf des Lehrkörpers einer Schule zu tun, in der immer wieder tumultartige Zustände herrschten und das Lehrpersonal die tatsächliche Ursache nicht ergründen konnte.

In einer dafür einberufenen Konferenz vor Beginn des nächsten Arbeitsjahres hatte sich herausgestellt, dass je nach Lehrkraft gegenüber den Schülern unterschiedliche Regelungen gültig waren. Dies führte zu Spannungen unter den Lehrkräften selbst, aber auch zwischen den Lehrkräften und den Schülern.

Was gilt? Was ist erlaubt? Was nicht?

In der Konferenz wurden nun Vereinbarungen getroffen, welche Regeln für alle gültig festgelegt werden:

- für den ersten Tag,
- für die erste Stunde,
- für die ersten fünf Minuten im Klassenzimmer usw.

Mit dem Beginn des neuen Schuljahres hatten alle Lehrkräfte dieselben Regeln verkündet. Dieses Schuljahr wurde das friedlichste seit langer Zeit.

Sagen Sie es sofort, wenn jemand eine Grenzverletzung begangen hat

Wenn ich auf Störungen (z. B. Aussagen, Handlungen) nicht reagiere, dann kann sich daraus eine Kettenreaktion entwickeln. Denn jede Grenzverletzung wird registriert, bis das sprichwörtliche Fass überläuft. Was mich anfänglich nur gestört hat, wird bei einer neuerlichen Verletzung zum Ärger oder Zorn. Der Weg zum Hass ist dann nicht mehr weit.

Die Grenze (das NEIN) mit Alternative anbieten

„Nein", „Geht nicht", „Haben wir nicht" ...
Das ernsthafte Bemühen um Alternativen erweitert den Spielraum.
Neue Grenzen können verhandelt werden. Alternativen schaffen die Möglichkeit, doch Lösungen zu finden, ohne die bestehenden Grenzen einfach über Bord zu werfen.

Beispiele:
- Jemand bittet mich um einen Gesprächstermin an einem bestimmten Tag. Da ich an diesem Tag verhindert bin, biete ich ihm Ersatztermine an.
- Jemand möchte meinen Preis für eine bestimmte Dienstleistung drücken. Ich will diese finanzielle Grenze nicht aufweichen. Ich biete ihm stattdessen an, das im Preis enthaltene Leistungspaket mit ihm gemeinsam neu abzustimmen oder ihm in einer anderen Weise entgegenzukommen.

> **EIN KOMPROMISS IST EIN ÜBEREINKOMMEN, BEI DEM MAN VORGIBT, DASS MAN NACHGIBT.**
> Willi Reichert

Zeit gewinnen, nicht sofort entscheiden
Manchmal kann ich in einer aktuellen Situation meine Grenzen nicht klar abstecken. Eine übereilte Reaktion ist schnell geschehen, die Folgen können oft jahrelang währen, z. B. wenn ich mich dazu bereit erkläre, eine bestimmte ehrenamtliche Aufgabe zu übernehmen.
Hier ist es sinnvoll, sich Zeit für eine Rückmeldung zu erbitten: „Kann ich dir die Antwort morgen geben? Ich möchte das erst in aller Ruhe überdenken."

Zeit zu gewinnen kann auch bei zu erledigenden Aufgaben eine wichtige Rolle spielen:
Ein Kunde möchte, dass ich einen bestimmten Auftrag übernehme.
Ich lehne dies aufgrund meiner aktuellen Auftragslage ab. Ich biete ihm jedoch an, den Auftrag bis zu einem bestimmten Zeitpunkt zu erledigen.

Mit der Grenze (dem NEIN) experimentieren –
Konsequenzen erfragen
„Wäre es sehr schlimm für dich, wenn ich bei dieser Besprechung nicht zur Gänze dabei bin?"

Vorteile der Grenze (des NEINs) für den anderen deutlich machen
„Wenn ich auch diese Aufgabe heute noch erledigen soll, dann kann ich Ihnen die Unterlage, die Sie heute von mir noch haben wollten, nicht mehr fertig stellen."

„Wenn ich heute nicht mit dir ins Kino gehe und stattdessen die fällige Steuererklärung fertig mache, dann haben wir morgen einen gemeinsamen freien Sonntag."

Neue Überlegungen ins Spiel bringen,
die mich aus dem Spiel bringen
„Welche Personen haben bisher an ähnlichen Projekten gearbeitet, an die man bezüglich dieser Aufgabe denken sollte?"
„Haben Sie schon daran gedacht, Frau ... zu fragen? Für so eine Aufgabe brauchen wir jemanden mit Erfahrung."

3.3 Ein großes Revier ist schwer zu verteidigen

Je größer das Revier ist, desto schwieriger ist es, es vor Angriffen zu verteidigen. Will ich dies dennoch erreichen, sind hier vor allem zwei Dinge nötig: Einerseits brauche ich wirkungsvolle Hindernisse, die den Grenzübertritt verhindern oder zumindest erschweren. Und andererseits brauche ich „Soldaten", die diese Grenze sichern helfen.

Die Dingosperre in Australien
Aufgrund ihrer Liebe zu Lammfleisch haben sich die Dingos, eine in Australien wild lebende Hunderasse, schon vor zweihundert Jahren den Hass der einheimischen Schafzüchter zugezogen. Es wurde ein Zaun von insgesamt 9 600 km Länge und fast 2 m Höhe quer durch den Inselkontinent errichtet. Dieser soll nun die Dingos von den Schafherden fern halten.

Der errichtete Grenzzaun muss aufgrund der Witterung und der Versuche der Dingos, den Zaun zu untergraben, ständig gewartet werden. Zwei Bautrupps sind ausschließlich mit der täglichen Überprüfung und Reparatur des Zauns beschäftigt.

Erinnern Sie sich noch an die geschilderte Grenzen-Übung des Seemanns? Dieser hatte mit viel Anstrengung versucht, die gezogene Reviergrenze im Seminarraum gegenüber dem flinken Judoka zu verteidigen. Stellen Sie sich vor, der Seemann hätte ein größeres Revier als den Seminarraum und dieses gegen mehrere Personen zu verteidigen gehabt. Allein hätte er dieses große Revier niemals verteidigen können.

Das Verteidigen von größeren Revieren
ist eine alltägliche Herausforderung
Wer z. B. in einer Organisation eine höhere Position innehat, muss ein großes Revier verwalten und gegenüber anderen verteidigen.
Mit der Größe des Gesamtreviers steigen zumeist auch die Anzahl der internen Reviere (z. B. Abteilungen) und die Zahl der zu erwartenden internen Revierkämpfe, mit denen ich erfolgreich umgehen muss.

Wenn ich ein großes Revier verteidigen muss, habe ich die Möglichkeit, geeignete Reviergrenzen zu schaffen und mir Helfer zu holen. Es kann auch sinnvoll sein, die Reviergrenzen selbst zu verändern.

Denken Sie an einen Bereichsleiter, der für mehrere Abteilungen einer Firma zuständig ist:
Hilfe holen heißt hier, dass ein Bereichsleiter für Teilbereiche Verantwortliche definiert (z. B. Abteilungsleiter), die gemeinsam mit ihm in einem Schulterschluss das Revier verteidigen; nach außen (z. B. gegenüber Mitbewerbern) und nach innen (z. B. bei internen Querelen).

Revierveränderung heißt beispielsweise, das Revier durch Auslagern von Teilbereichen zu verkleinern.
Wenn ich viele Produkte und Marktanteile in verschiedenen Segmenten habe, wird mein Aufwand groß sein, um in den unterschiedlichen Revieren erfolgreich sein zu können.
Hilfe holen kann heißen, sich personell und strukturell zu verstärken (z. B. durch Kooperation oder Fusion).

Eine andere Strategie wäre, sich auf einige Produkte zu beschränken, um in diesen Bereichen effizienter agieren zu können.

Wie groß ist die Führungsspanne?

Will eine Organisation ihre Reviere nach außen und innen erfolgreich verteidigen, benötigt sie ein gutes Netzwerk von Haupt- und Teilverantwortlichen. Für die gelungene Vernetzung braucht es eine geeignete Führungsspanne. Das heißt, dass eine Führungskraft maximal 15 Teilverantwortliche (Führungskräfte bzw. Mitarbeiter) leiten sollte. Das ist jene Zahl an Personen, mit denen eine Spitzenführungskraft noch einigermaßen Kontakt halten und deren Reviere sie noch überblicken kann. Ideal sind 7 bis 9 Personen. Ist eine Führungskraft für mehr als 15 Personen zuständig, kann sie interne und externe Reviergrenzen kaum mehr überblicken. Es ist nicht mehr möglich, über aktuelle Situationen und Veränderungen Bescheid zu wissen.

Reviermacht und Grenzziehungen sind immer wieder zu überprüfen

Wir sollten unsere Reviere und Grenzziehungen regelmäßig überprüfen. Manches ändert sich schneller, als uns dies wirklich bewusst ist. Das Problem dabei ist: Wir verhalten uns, wie wenn alte Macht- und Einflussverhältnisse noch gelten würden. Dabei ist die Realität eine andere geworden.

Diese regelmäßige Revierprüfung auf ihre Realität und Gültigkeit ist für viele unserer Lebensbereiche wichtig, wo es um das Verteidigen von Interessen, Einfluss und Macht geht. Dies betrifft Firmen existenziell im Kampf um Marktanteile in ihren Geschäftsfeldern. Ähnliches gilt für den Kampf um Macht, Einfluss und Interessen von politischen, sozialen oder kirchlichen Gemeinschaften nach innen und außen. Auch in deren Interesse ist es, durch entsprechende Strategien und durch den Erhalt und Gewinn von Mitgliedern am Marktplatz der Meinungsbildung einflussreich zu sein. Es betrifft aber ebenso das Zusammenleben innerhalb der Familie (Mann – Frau, Eltern – Kinder) oder die Frage von Macht und Einfluss in Führungsetagen oder Abteilungen.

Wer es verabsäumt, Grenzen und Reviere regelmäßig auf ihre Bedeutung und Gültigkeit zu überprüfen sowie auf neue Gegebenheiten zu reagieren, wird seine Interessen nur schwer verteidigen können und vermutlich von der Realität überholt werden.

Wer nicht mit der Zeit geht, geht mit der Zeit!

Der Kampf um Reviere ist tierischer Natur – ein Verhalten, das dem Bedürfnis nach Existenzsicherung entspringt: der Sicherstellung von Freiraum und Boden (Nahrung) sowie dem Bedürfnis nach Geltung und Identität eines Einzelnen oder einer Gruppe. Es ist eine lebenslange Kunst und bedarf einer großen Reife, eigene Reviere immer wieder zu sichern und Revierbedürfnisse anderer zu respektieren bzw. zu neuen Vereinbarungen zu kommen.
So manches Austragen von Konflikten im Großen und im Kleinen erinnert uns oft genug an unsere tierischen Wurzeln. Die Tiere mögen hier selbst noch einmal in Schutz genommen werden. Wenn sich z. B. ein rivalisierendes Tier geschlagen gibt, zeigt es an, dass es den Kampf verloren hat und die Macht des anderen respektiert. So legt sich ein Hund auf den Rücken und zeigt sichtbar seine „weichen" Teile und die Halsschlagader. Dadurch wird im Rivalen, dem Sieger des Kampfes, eine natürliche Beißhemmung ausgelöst. Der Kampf ist entschieden. Ein Tier kennt kein Zurückschlagen, kein Heimzahlen oder eine Vernichtung des anderen aufgrund von Hass oder persönlicher Kränkung.

Apropos menschliches und tierisches Revierverhalten:

Fische in einem Aquarium – ein Testversuch

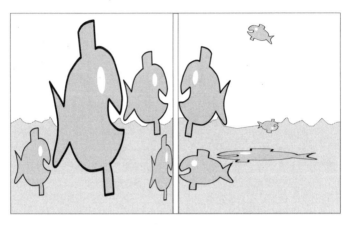

Die Versuchsanordnung
Ein großes Aquarium. In der Mitte wird eine Glasplatte eingesetzt, die den Behälter in zwei Kammern teilt. In jede der Kammern werden Fische eingesetzt, die sich normalerweise fressen, wenn sie aufeinander treffen.

Das Verhalten der Fische
Die Fische wollen aufeinander losgehen und schlagen sich an der Glasplatte die Mäuler wund. Nach einiger Zeit akzeptieren sie die unsichtbare Grenze. Die Fische ziehen in den Kammern ihre Kreise und stellen die Grenze nicht mehr infrage.

Der nächste Schritt
Die Glasplatte wird nun entfernt.

Die Reaktion der Fische
Obwohl die Glasplatte nicht mehr da ist, ziehen die Fische weiter ihre Kreise in ihrem Bereich. Sie akzeptieren die Grenze, obwohl sie nicht mehr da ist. Sie existiert nur mehr in den „Köpfen" der Fische.

Der dritte Schritt
Ein neuer Fisch wird in das Aquarium eingesetzt. Dieser Fisch weiß von der Grenze nichts.

Einfach zum Nachdenken

Es ist spannend, diesen Versuch gedanklich auf das Verhalten von Menschen zu übertragen – z. B. auf eine Firma (Aquarium) und auf deren Mitarbeiter (Fische).
Vielleicht arbeiten Sie selbst in einem Betrieb. Ich möchte Sie einladen, nachfolgende Überlegungen und Fragen für sich selbst zu reflektieren:
- Wie war z. B. das Verhalten der Mitarbeiter im Betrieb, als für die Belegschaft unliebsame Neuregelungen verordnet wurden? Wurden diese bekämpft?
  Wie lange? Reibt man sich vielleicht heute noch daran? Oder hat man mit der Zeit die neuen Regelungen akzeptiert?
- Kennen Sie Vorgaben in Ihrem Betrieb, die Teil der Firmenwirklichkeit geworden sind – nach dem Motto: „Das ist bei uns einfach so!" Gewisse Vorgänge werden einfach akzeptiert. Sie werden nicht mehr nach ihrer heutigen Bedeutung oder Nützlichkeit hinterfragt.
- Welche Erfahrungen haben Sie gemacht, wenn ein neuer „Fisch" (Mitarbeiter oder Führungskraft) ins „Firmen-Aquarium" eingesetzt worden ist: in die Führungsetage, in die Abteilung, in Ihr Team?
  Wie waren die Verhaltensweisen des Neuen? Wie war die Reaktion der angestammten „Aquarium-Bewohner"?
  Oder haben Sie einen „alten Fischbestand", der gar nicht möchte, dass sich etwas ändert, und daher keine neuen „Fische" ins Revier aufnimmt?
- Wenn Ihre Vorgesetzten und Kollegen Fische wären – wer wäre welcher? Ein Hecht, Aal, Karpfen, Hai, Delphin …? Und mit welchem Fisch würden Sie sich selbst vergleichen?

3.4 Was tun mit Menschen, die Grenzen schwer akzeptieren?

Einerseits liegt es in der Natur der Entwicklung eines Menschen, z. B. als Kleinkind oder Teenager, Grenzen auszuloten. Andererseits sind es umgekehrt auch Eltern, die veränderte Grenzbedürfnisse beim Kind, das erwachsen wird, nur schwer nachvollziehen und akzeptieren können.

Vielleicht kennen Sie Kollegen oder Nachbarn, die sich kaum um Grenzen und Vereinbarungen kümmern. Ein Freund von mir ist eine derart kreative Natur, dass beispielsweise eine getroffene Vereinbarung bei einem gemeinsamen Projekt am nächsten Tag schon nicht mehr gilt, weil ihm eine ganz neue Idee gekommen ist.

> GUTE WORTE
> SETZEN SELTEN GRENZEN!

Wie teile ich Grenzverletzungen mit?
Wenn es um die Verletzung meiner eigenen Grenze geht:
- Formulieren Sie in der *Ichform*:
  „Ich bin echt sauer auf dich!"
  Die Du-Formulierung (z. B. „Du Trottel!") veranlasst den Gesprächspartner dazu, entweder die sprichwörtlichen Ohren anzulegen oder zum Gegenangriff auszuholen. Damit wird er Ihre nächsten Worte nicht mehr wahrnehmen.
- Teilen Sie mit, was Sie *konkret* verletzt hat:
  Welche Situation ist gemeint? Was ist passiert?
  Versuchen Sie, das Geschehen objektiv darzustellen.
  Was hat Sie dabei verärgert oder verletzt?
  „Als du vorhin ... hast du, ohne mich zu fragen ... Ich fühle mich übergangen!"

Für den anderen muss die Grenzverletzung nachvollziehbar sein.
- Sagen Sie, was Sie *möchten*:
„Ich möchte, dass du mich zukünftig fragst, wenn ..."
Verwenden Sie keine Formulierungen,
  - die Ihr Anliegen abschwächen oder verkleinern
  - oder den Adressaten nicht klar zum Ausdruck bringen (wer ist gemeint?):
„Vielleicht könnte man eventuell, unter Umständen ..."
- Teilen Sie *Ihre Konsequenzen* im Fall einer weiteren Grenzverletzung mit.

Wenn es um *gemeinsame Grenzlinien* geht, bleiben die ersten drei Punkte gleich. Diese werden durch drei weitere Punkte ergänzt:
- Geben Sie Ihrem Gegenüber die *Gelegenheit zur Stellungnahme*, um seine Sicht der Dinge zu erfahren. Fragen Sie nach und fassen Sie das Gehörte zusammen. Damit stellen Sie sicher, dass Sie es auch richtig verstanden haben: „Habe ich dich richtig verstanden? Du wolltest ..."
- Treffen Sie *gemeinsam Vereinbarungen*, die konkret und unmissverständlich sind: Was – wer – bis wann ...?
- Legen Sie gemeinsam Konsequenzen fest für den Fall, dass die Vereinbarungen nicht eingehalten werden.

Was kann ich generell tun?
Grundsätzlich gelten alle Regeln des Grenzensetzens:
- Grundvoraussetzung Nummer EINS: Sie selbst müssen um *Ihre Toleranzgrenze, Ihre Schmerzgrenze und die Dead Line im jeweiligen Anliegen* wissen.
Sie müssen eine möglichst konkrete Vorstellung davon haben, was Sie im Anliegen X tolerieren, was Ihnen schon an die Nieren geht und wo Schluss ist.
Gegebenenfalls ist das eigene Gefühl in der Situation ein guter Gradmesser dafür, ob eine Grenzverletzung erfolgt und *welche* Grenze erreicht ist.
- Grundvoraussetzung Nummer ZWEI: Nehmen Sie Ihre *eigenen Grenzen genauso ernst wie die Ihrer Gesprächspartner.*

Bei Menschen mit geringerem Selbstwertgefühl ist die Gefahr groß, dass die Grenzen anderer mehr wert sind und Geltung haben als die eigenen.

- Teilen Sie Ihre Grenzen *möglichst vorher* mit.
Tun Sie das unmissverständlich und mit sicherer Stimme. Für andere muss klar sein, dass das *Ihre Grenze* ist.
- Signalisieren Sie *Grenzverletzungen durch deutliche STOPPs*. In den meisten Fällen ist es hilfreich, STOPPs auch körpersprachlich zu unterstützen, damit sie bei anderen ankommen.
- Wenn ich verletzt bin, *„Aua!"* sagen.
Den Ärger oder Schmerz zum Ausdruck bringen, damit der andere das Ausmaß der Verletzung bemerkt.

Reagieren Sie bei großen Grenzverletzern *entschiedener und klarer als sonst*:

- Beziehen Sie bereits *bei kleinen Unterwanderungsversuchen klar Position*. Reagieren Sie auch, wenn Sie die Grenzverletzung erst später mitbekommen haben. Sonst haben Sie indirekt durch ihr Stillschweigen eine neue Grenze akzeptiert. Denken Sie daran: Erst wenn Sie aufhören zu tolerieren, können Sie tolerant sein. *Tolerieren* bedeutet im Kern, Spielball zwischen den Grenzen und Interessen anderer zu sein. *Tolerant* zu sein setzt Ihre klaren Grenzen voraus:
Die Toleranz braucht die eigene Grenze als Bezugs- und Ausgangspunkt. Erst von dort können Sie einen Schritt zurück machen oder einen Kompromiss finden.
- Seien Sie *weiterhin wachsam*.
Wenn Sie jemanden auf seine Grenze erfolgreich verwiesen haben, heißt das nicht, dass er nicht *wieder* versuchen wird, Ihre Grenze zu überschreiten. Manche Grenzverletzer werden Sie – im wahrsten Sinne des Wortes – *an*-greifen müssen, damit sie es *be*-greifen.
- Stellen Sie für eine allfällige neuerliche Grenzverletzung die Konsequenzen klar.
- Seien Sie konsequent.

Sokrates drückt in lustvoller Weise aus, wie er sich über die Grenzverletzungen der Jugend ärgert:

Die Jugend liebt
heute den Luxus.
Sie hat schlechte Manieren,
verachtet die Autorität,
hat keinen Respekt
vor alten Leuten
und plaudert, wo sie
eigentlich arbeiten sollte.
Die jüngeren Leute
stehen nicht mehr auf,
wenn ältere das
Zimmer betreten,
sie widersprechen ihren Eltern,
schwätzen vorlaut
in der Gesellschaft,
verschlingen bei Tisch
die besten Happen,
legen die Beine übereinander
und tyrannisieren
ihre Lehrer.

Sokrates (469–399 v. Chr.)

3.5 Empfehlungen für Kritikgespräche

Im Berufsleben ist es immer wieder notwendig, dass Führungskräfte Mitarbeiter auf Grenzverletzungen, wie beispielsweise Fehlverhalten, Leistungsabweichung etc., ansprechen.
Aber auch Mitarbeiter wollen Kritik gegenüber ihrem Vorgesetzten aussprechen.

Hier einige Empfehlungen und Aspekte für das Ansprechen von Kritik zwischen Vorgesetzten und Mitarbeitern:

Empfehlungen für Vorgesetzte bei Kritik an Mitarbeitern
Kündigen Sie als Vorgesetzter dem Mitarbeiter ein allfälliges Kritikgespräch an:
„Herr Meier, ich hätte gerne mit Ihnen über das Problem ... gesprochen. Können wir gleich darüber reden?"
Oder: „Herr Meier, mir ist in der Sache ... etwas aufgefallen. Ich muss mit Ihnen darüber sprechen. Wann haben Sie Zeit?"

Der Vorgesetzte sollte mitteilen, worum es konkret geht.
Sätze wie „Herr Meier, mir ist da was aufgefallen. Ich muss mit Ihnen sprechen" schaffen beim Mitarbeiter unnötige Angst und Fantasien, worum es sich denn handeln könnte.
Mit der Frage nach einem Gesprächstermin erhält der Mitarbeiter die Gelegenheit, sich auch für einen späteren Termin zu entscheiden. Damit hat er die Möglichkeit, sich für dieses Gespräch vorzubereiten.
Gerade bei gröberen Verletzungen sollten Führungskräfte dem Mitarbeiter die Chance zur Verteidigung geben. Wer die Chance zur Vorbereitung nicht erhält, fühlt sich unfair behandelt. Er fühlt sich gegenüber dem informierten Chef ungeschützt an die Wand gestellt.
Auch auf sachlicher Ebene ist es sinnvoll, durch eine Vorbereitungszeit für den Mitarbeiter eine einseitige Darstellung des Problems zu vermeiden.
Generell ist Kritik ehestmöglich zu äußern:

Wenn der Anlass zeitlich schon weit zurückliegt, kann der tatsächliche Hergang nur mehr schwer nachvollzogen werden. Außerdem kann sich der Ärger über die damalige Verletzung auswachsen und die wirkliche Situation zunehmend verzerren. Seien Sie als Chef dankbar, wenn sie von einem Mitarbeiter offene Kritik erhalten:
- Sie erfahren viel über sich, Ihren Führungsstil und wie Sie auf andere wirken.
- Sie erfahren ohnehin nur einen Bruchteil. Alles wird nie gesagt.
  Sie dürfen ein Stück von dem erfahren, was Mitarbeiter untereinander über Sie im Alltag reden.
- Mitarbeiter verhalten sich gegenüber dem Chef nach dem eigenen „inneren" Bild vom Chef. Durch mehr Informationen könnte für Sie manches verständlich werden.

Nehmen Sie die Kritik ernst. Fragen Sie nach. Versuchen Sie, den Ärger zu verstehen, und geben Sie einen Fehler auch einmal zu.

Wenn Sie keine Kritik zulassen, diese bagatellisieren oder auf Kritik überreagieren, werden Sie von Ihren Mitarbeitern zukünftig nichts mehr erfahren.

Sie wird ein ungeschriebenes Gesetz ereilen: „Was nach oben nicht dringen darf, wird nach unten breitgetreten!" Der Mitarbeiter wird seinen Ärger nach außen tragen. Die Kritik über Sie wird viele andere Adressaten finden, nachdem Sie ihre Annahme verweigert haben.

> WAS NACH OBEN
> NICHT DRINGEN DARF,
> WIRD NACH UNTEN BREITGETRETEN.

Empfehlungen für Mitarbeiter bei Kritik an Vorgesetzten
Wer Kritik übt, nimmt auf emotionaler Ebene automatisch einen höheren Rang ein. Deshalb ist es wichtig, Ranghöhere

nicht unangekündigt zu kritisieren. Bei überfallsartiger Kritik würde der Mitarbeiter diese Hierarchieregel verletzen.

Unangekündigte Kritik würde überdies beim Vorgesetzten auf keinen fruchtbaren Boden fallen.
Führen Sie Kritikgespräche unter vier Augen und wahren Sie Diskretion.
Informationen, die nach außen dringen, zerstören die notwendige Vertrauensbasis für eine gute Zusammenarbeit und weitere Kritikgespräche.

Näheres dazu lesen Sie im Kapitel „6.4 Aspekte und Empfehlungen für Mitarbeiter".

3.6 Verwarnung: Gelb – Rot

Ahnden von Grenzverletzungen

Ich habe vorhin mehrmals die Notwendigkeit angesprochen, im Fall von Grenzverletzungen konsequent zu sein. Ein Beispiel konsequenter Ahndung und klarer Vorgehensweise bei Grenzverletzungen erleben wir im Fußball. Dabei lässt sich die Grundstruktur von Toleranz-, Schmerz- und absoluter Grenze (Dead Line) wieder erkennen:
Bei einem *geringen Vergehen* erhält der Spieler eine Verwarnung.
Nach einem weiteren leichten Vergehen erhält der Spieler automatisch die gelbe Karte. Bei einem *groben Vergehen* bekommt der Spieler sofort die gelbe Karte.
Bei einem *wiederholten* bzw. *schweren Vergehen* erhält der Spieler die rote Karte. Als Strafe muss der Spieler vom Platz. Weitere Strafen können je nach Grad des Vergehens noch ausgesprochen werden.

Eine Geschichte mit Konsequenzen

Ich habe nachfolgende Geschichte oftmals erzählt. Für viele Zuhörer ist sie zum Impuls geworden, mit Grenzverletzungen

zukünftig anders umzugehen. Auch Sie wird diese ungewöhnliche Geschichte wahrscheinlich nachdenklich stimmen.
Sie stammt von Milton H. Erickson, einem bekannten Hypnosetherapeuten aus den USA. Angeblich ist diese Geschichte ein Märchen bzw. einem solchen entnommen, das mir jedoch nicht bekannt ist.

Eins – zwei – bumm

Ein Mann reitet mit seiner Verlobten zur Hochzeit. Nachdem sie ein Stück des Weges geritten sind, beginnt das Pferd des Mannes zu scheuen. Als es sich weigert, den Weg fortzusetzen, sagt er zu seinem Pferd: „Eins!"
Das Pferd entschließt sich, doch weiterzulaufen. Nach einem weiteren Stück des Weges scheut das Pferd wieder. Daraufhin spricht der Verlobte zum Pferd: „Zwei!" Das Pferd setzt danach seinen Weg fort. Als es neuerlich stehen bleibt, sagt der Mann zum Pferd: „Drei!", steigt ab, zieht seine Pistole und erschießt das Pferd. Seine Verlobte meint vorwurfsvoll zu ihrem zukünftigen Gemahl: „Das kannst du doch nicht machen!" Und er sagt: „Eins!"

Die ersten Reaktionen von Zuhörern auf diese Geschichte sind sehr vielfältig. Oft wird sie als Mann-Frau-Thema interpretiert und missverstanden: „Der Mann ist doch ein Macho! So kann er mit seiner Frau nicht umgehen!" Andere zweifeln die Heftigkeit der Reaktion an oder kritisieren sie: „Muss man deswegen gleich jemand erschießen?!" Oder dem Mann wird eine ungerechte Behandlung des Pferdes vorgeworfen: „Das Pferd ist gar

nicht vorgewarnt worden! Es wusste über die Konsequenzen nicht Bescheid!"
Alle diese Reaktionen sind berechtigt. Ich erzähle die Geschichte dennoch gerne, weil hier Grenzen und Konsequenzen gesetzt werden – auch letzte.
Übrigens: Es gibt auch eine Fortsetzung dieser Geschichte. Die Verlobte sagt dann: „Drei!" und geht.

Erkenntnisse aus dieser Geschichte
In einem Büro ist aufgrund der Geschichte folgende Vereinbarung getroffen worden: Wenn jemand eine Grenzverletzung signalisieren möchte, dann sagt er ganz deutlich „Eins!" (oder höher). Die Kollegen wissen dann, dass es sich um eine Grenzverletzung handelt. In einem Gespräch wird der Sachverhalt geklärt. Diese einfache Form bietet die Möglichkeit, schnell, ohne große Formulierungskünste und in einer für alle akzeptablen Form seinem Ärger Luft zu machen.

Mein Sohn Manuel hat diese Geschichte gehört und sagt jetzt ebenfalls „Eins!", wenn jemand seine Grenzen überschreitet. So bekam ich unlängst wieder einmal die „Eins!" zu hören, als ich aus seinem Glas trinken wollte, ohne ihn zu fragen. Die Zahlen „eins", „zwei", „drei" selbst sind ein einfaches Instrument, Grenzverletzungen anzuzeigen:
In den drei Zahlen spiegeln sich – vielleicht nicht zufällig – die drei Grenzen wider: die Toleranzgrenze, die Schmerzgrenze und die absolute Grenze. Danach gibt es keine weiteren Grenzen – sondern Konsequenzen: *„Bumm!"* Im Hinblick auf das Pferd ist die Konsequenz des Überschreitens der Dead Line sehr sprichwörtlich ausgefallen. Die Verhaltensweise des Bräutigams zeigt an, dass Grenzverletzungen nicht endlos hingenommen werden und im äußersten Fall harte Konsequenzen haben können.

Wenn ein Mitarbeiter einen regelmäßigen Verstoß gegen Vereinbarungen begeht, hat der Vorgesetzte nach einer entspre-

chenden Vorwarnung („Eins!", „Zwei!") Konsequenzen nicht nur anzudrohen, sondern diese auch zu ziehen.
Sonst bleibt sein Agieren sinnlos – nicht nur was den konkreten Mitarbeiter betrifft, sondern auch im Blick auf die generelle Gültigkeit der vereinbarten Grenzen gegenüber den anderen Mitarbeitern. Um Missverständnissen vorzubeugen: Die Konsequenz muss hier nicht die Kündigung des Mitarbeiters bedeuten. Sie muss aber für den Betroffenen schmerzhaft sein. Kündigung ist eine allerletzte Konsequenz. Bis zu dieser Stufe können andere Maßnahmen erfolgen, um zu einer Einigung und zur Einhaltung der Regelungen zu kommen.

3.7 Strafe oder Konsequenz?

Das Verletzen von Grenzen kann auf zweierlei Weise geahndet werden. Die eine ist die *Strafe*, die andere die *Konsequenz*.

Anmerkungen zur Strafe

Grundsätzlich bewirkt eine Strafe selten die gewünschte Verhaltensänderung beim Bestraften.

Die erste Reaktionsweise
Die Strafe bewirkt gar keine Verhaltensänderung.
Denken Sie nur an die Geschwindigkeitsüberschreitungen im Straßenverkehr.
Die wenigsten Verkehrssünder ändern aufgrund eines Strafmandats ihr Fahrverhalten. Ich kenne jemand, der stets ein paar Geldscheine im Auto zur Hand hat, da er hin und wieder beim Schnellfahren erwischt wird. Es ist für ihn dann in Ordnung, ein Strafmandat zu bezahlen – quasi als akzeptierte Strafe und Entschuldigung für das, was er für ein Dauer-Kavaliersdelikt hält.

Die zweite Reaktionsweise
Der Bestrafte akzeptiert die Bestrafung nicht. Es entstehen in ihm Rache- und Vergeltungsfantasien. Er wartet auf seine Ge-

legenheit nach dem Motto: „Und irgendwann, da kommt er schon in meine Gasse, und dann zahl ich es ihm heim!"

Die dritte Reaktionsweise
Der Bestrafte legt ein übertrieben angepasstes Verhalten an den Tag.
Auch hier verfehlt die Strafe ihr Ziel, nämlich das der Einsicht in die Verfehlung und daraus ein situationsgerechtes, eigenverantwortliches Verhalten anzunehmen.

Die Strafe baut im Kern auf Erpressung und Druck auf. Sie soll bewirken, dass sich der andere anpasst und fügt. Die Wirkung beschränkt sich jedoch auf die Möglichkeit, Druck durch Macht und Einfluss ausüben zu können. Hat beispielsweise ein Chef keine Macht mehr über den Mitarbeiter (dienstrechtlich oder emotional), gehen Drohungen und Sanktionsmaßnahmen ins Leere.
Eine Strafe kann ich nur dann aussprechen, wenn die betroffene Person tatsächlich anwesend ist. Das Maßregeln einer Person vor anderen bedeutet für den Bestraften eine Demütigung und für die anderen den Versuch der Einschüchterung.
Durch die Bestrafung kann ich versuchen, im Bestraften Schuldgefühle zu erzeugen: „Ich bin nicht gut!" oder „Ich hab's schon wieder falsch gemacht!" Diese Form der Kommunikation ist dem traditionellen Bild eines Richters gegenüber dem Angeklagten sehr nahe. Zudem wird die Strafe oft in einem emotional erregten Zustand und Tonfall ausgesprochen, was die Situation eher verschärft.

Der bessere Weg: Konsequenzen festlegen
und konsequent handeln
Die Konsequenzen müssen in jedem Fall vor der Grenzüberschreitung klar sein. Der potenzielle Grenzüberschreiter weiß um sein Risiko, wenn er die Grenze überschreitet. Er muss wissen: *„Wenn ... dann ..."*

Wenn ich ein Tempolimit um mehr als 50 km/h überschreite, *dann* riskiere ich einen Führerscheinentzug.
Wenn ich keine zusätzliche Versicherung abschließe, *dann* habe ich im Schadensfall die gesamten Kosten zu tragen.
Wenn wir für 17 Uhr die Sitzung vereinbart haben, *dann* kann 17.15 Uhr zu spät sein, und die Teilnehmer haben inzwischen einen wichtigen Punkt entschieden.
Das Wissen um die Konsequenzen gibt dem Gesprächspartner die Möglichkeit, sein Handeln danach auszurichten. Er kann für sich abwägen, was ihm wichtiger ist. Damit ist es seine Entscheidung, über die Grenze zu gehen und die Konsequenzen für sein Handeln zu tragen.
Konsequenzen bauen auf einem partnerschaftlichen Verhältnis auf. Sie setzen auf Lösungen, die durch Einsicht entstehen. Daher sollten Sie Konsequenzen bei deren Vorankündigung begründen. Das Aussprechen von Konsequenzen soll in einem neutralen, sachlichen Tonfall geschehen, ebenso allfällige Vereinbarungen in diesem Zusammenhang.

Können Konsequenzen einseitig festgelegt
bzw. vorangekündigt werden?
Dies können Sie dann tun, wenn Sie die Macht dazu besitzen, weil Sie z. B. der Ranghöhere sind. Das sind die Eltern gegenüber den Kindern oder der Vorgesetzte gegenüber den Mitarbeitern seiner Abteilung.
Dies ist auch der Fall, wenn es sich um ein Recht handelt, auf das Sie Anspruch haben, z. B. aufgrund von gemeinsamen Vereinbarungen oder gesetzlichen Regelungen.
Sie können ebenfalls einseitig Konsequenzen ziehen, wenn es um Ihren persönlichen Bereich geht, um Ihre geistigen Leistungen oder um materielle Güter, die Ihnen gehören. Oder wenn Sie der Gastgeber sind, stellen Sie die Bedingungen, die Regeln und allfällige Konsequenzen auf; wer z. B. aufgrund seines Benehmens das nächste Mal nicht mehr eingeladen wird.
Dies gilt ebenso, wenn Sie der Auftraggeber sind und die finanziellen Mittel zur Verfügung stellen.

*Wann können Sie Konsequenzen nur in
einer gemeinsamen Vereinbarung festlegen?*
Das ist der Fall, wenn Sie für eine Konsequenz das Einverständnis der anderen Person(en) brauchen: „Du, wir haben das so vereinbart!" Das heißt, die Konsequenzen werden erst durch eine gemeinsame Vereinbarung gültig. Kurzum: Es geht um einen Vertrag, eine vorher gemeinsam festgelegte Abmachung. Dadurch erhält jeder Vertragspartner das Recht, seinerseits allfällige Grenzverletzungen mittels der besprochenen Konsequenzen zu ahnden. Jeder der Partner wird durch den Vertrag zum legitimierten Anwalt der gemeinsamen Vereinbarungen.

Im privaten Bereich, z. B. in einer Partnerschaft, gibt es viele Verträge mit Konsequenzen: *„Wenn* du das tust, *dann* werde ich ..." Die meisten sind einseitig festgelegt und dem Partner selten oder lange nicht bewusst – bis der andere Konsequenzen zieht. Diese „geheimen" Verträge stehen unsichtbar zwischen den Zeilen des staatlichen oder kirchlichen Ehevertrags, den beide *offiziell* miteinander geschlossen haben. Es sind ungesagte Wünsche und Bedingungen an den anderen: *„Wenn* du 15 Kilo zunimmst, *dann* liebe ich deine Nähe nicht mehr ..."
„Wenn ich dich beim Flirt mit jemand anderen ertappe, *dann* ..."
„Wenn du nur einmal fremdgehen solltest, *dann* werde ich dir nie mehr vertrauen!"

Zunehmend vereinbaren Paare vor ihrer Bindung viele Bereiche ihres Lebens auf schriftlichem und notariellem Weg – auch allfällige Konsequenzen und Ansprüche bei Vertragsbruch.

Konsequenzen machen nur dann einen Sinn, wenn sie auch durchgeführt und nicht aufgeweicht werden. Vereinbaren Sie nur Konsequenzen, die Sie auch später einhalten können, ansonsten sind sie wirkungslos. Betroffene prüfen vor allem beim ersten Mal, wie ernst die Ankündigung von Konsequenzen zu nehmen ist. So werden beispielsweise Personen, die rangniedriger sind, Personen der höheren Ebene immer wieder prüfen, ob abweichendes Verhalten tatsächlich Konsequenzen nach sich zieht. Es ist ein natürlicher Drang, seine Freiheiten und Grenzen so weit als möglich auszudehnen, bis jemand konsequent STOPP sagt. So werden die Grenzen immer wieder nach ihrer Haltbarkeit überprüft, wenn es um eigene Interessen geht.

Ich denke hier z. B. an Kinder gegenüber Eltern, Schüler gegenüber Lehrkräften oder an Mitarbeiter gegenüber Vorgesetzten.

Gerade Kinder sind Meister darin, angedrohten Konsequenzen auszuweichen. Sie wissen, welche „Knöpfe" bei Vati oder Mutti gedrückt werden müssen, um das Elternherz zu erweichen.

Der Bindfaden

In einem Krankenhaus kam ein Mitarbeiter zu den Leitungssitzungen ständig zu spät, sodass viele Themen bei seinem Eintreffen neu aufgerollt werden mussten. Nachdem der Ärger darüber von den Betroffenen offen angesprochen worden war, wurde Folgendes vereinbart:

Zu Beginn der Sitzung wurde eine Kerze auf den Tisch gestellt, auf der in halber Höhe ein Bindfaden angebracht war. Jedes Mal wenn der betreffende Mitarbeiter zu Sitzungsbeginn noch nicht anwesend war, wurde diese Kerze entzündet. Es wurde besprochen, dass der Betreffende gekündigt würde, sollte die Kerze bis zu seinem Eintreffen zum Bindfaden hin abgebrannt sein.

Er kam ab diesem Tag nie mehr zu spät zu einer Sitzung.

3.8 Wie vertragen sich Konsequenz und Toleranz?

Darf ich im Fall einer Grenzverletzung und angekündigten Konsequenz trotzdem tolerant sein? JA!

„Ausnahmsweise!"
Die angesprochene Vereinbarung vom Leitungsteam des Krankenhauses besteht im Wesentlichen aus zwei Punkten: Erstens wurde eine generelle Geldstrafe von 1 Euro pro zu spät gekommener Minute vereinbart. Zweitens enthält sie eine Toleranzregel im Fall einer für die anderen plausiblen Grenzverletzung.
Dabei kann der Zu-spät-Gekommene jedoch nicht von sich aus diese Toleranzregel einfordern: „Liebe Kollegen, wegen der paar Minuten zahle ich nix!"
Das Recht auf eine Ausnahme von der vereinbarten Konsequenz liegt allein bei jenen, deren Grenze verletzt worden ist. In Ausnahmefällen tolerant zu sein, schwächt die vereinbarten Konsequenzen nicht, wenn die Ausnahme *begründet* und für alle *einleuchtend* ist. Eine Ausnahme muss klar als solche artikuliert und behandelt werden. Andernfalls kann sie sich schleichend zum nicht vereinbarten Regelfall entwickeln.
Ich möchte Ihnen eine Begebenheit von einem Ehepaar erzählen, dem unlängst in meinem Seminar so manches Licht zu Konsequenz, Toleranz und Ausnahme aufgegangen ist.

Krach im Restaurant

Das Ehepaar vereinbarte ein gemeinsames Mittagessen in einem Restaurant in der Innenstadt. Frau B. fand sich pünktlich um 12.30 Uhr im Lokal ein. Ihr Mann hingegen kam erst um 14 Uhr. Als er das Lokal betrat, sprang sie auf und machte ihm eine Szene, die die übrigen Gäste aufhorchen ließ. Er hingegen schien sich nicht im Geringsten schuldig zu fühlen und es kam zu einer lautstarken Auseinandersetzung. Das Ehepaar, das mittlerweile acht Jahre verheiratet ist, brachte beim Seminar diese Situation zur Sprache, um sie zu analysieren.

Dass die Frau über die Verspätung des Mannes verärgert war, ist nachvollziehbar. Spannend ist hier die Frage, warum der Mann seine Frau anschrie, obwohl er offensichtlich der Schuldige war.

In der Analyse stellte sich Folgendes heraus:

Die Wurzeln diese Ehestreits lagen weit zurück. Das Paar kannte sich zu diesem Zeitpunkt gerade vier Monate, als der Mann zu einem vereinbarten Rendezvous 20 Minuten zu spät kam. Er hatte seine damalige Geliebte gefragt: „Du, Schatz, macht es dir eh nichts aus, dass ich zu spät komme?" Darauf sie: „Aber nein, Liebling, das ist schon okay."

Damit war es schon passiert! Damals wurde in diesem Gespräch unbewusst eine Vereinbarung getroffen: Er darf zu spät kommen – zumindest 20 Minuten.

Die erwähnte Reaktion der Frau hatte einen Hintergrund: Nachdem ihr Mann in einem Beruf beschäftigt ist, in dem die Pünktlichkeit für private Vereinbarungen oft schwer einzuhalten ist, hatte seine Frau *für sich* eine Toleranzgrenze vereinbart: Ich akzeptiere bei ihm eine Verspätung bis zu einer Stunde.

Dieser Mann war in den ganzen acht Ehejahren nicht ein einziges Mal pünktlich gewesen. Aber er hatte sich, ohne es zu wissen, immer an diese eine Stunde gehalten. Er war immer im Bereich der unausgesprochenen Toleranzgrenze zu Hause oder beim vereinbarten Termin erschienen.

Bei diesem einen Treffen im Restaurant hatte er das erste Mal diese ungeschriebene Toleranzgrenze überschritten.

Warum wurde der Mann wütend? Er kam doch zu spät?
Sie hatte die vielen Jahre nie auf seine Unpünktlichkeit reagiert. Deshalb war diese Szene wegen einer weiteren Verspätung für ihn unverständlich. Er hatte erst im Seminar nach acht Jahren Ehe von der Toleranzgrenze dieser einen Stunde erfahren und daher nie mit Konsequenzen gerechnet.

> EINE TOLERANZGRENZE MEINT EINE AUSNAHME IN WOHL BEGRÜNDETEN AUSNAHMEFÄLLEN.
> SIE IST KEIN TUMMELPLATZ FÜR DEN DAUERAUFENTHALT NAHE AN DER SCHMERZGRENZE VON ANDEREN!

Wenn jemand regelmäßig die Toleranzgrenze einer anderen Person strapaziert und nicht reagiert wird, entsteht eine neue Regel bzw. eine neue Grenze.
Daher sind auch Toleranzgrenzen klar zu kommunizieren:
Wenn sich jemand innerhalb meiner Toleranzgrenze befindet, habe ich ihn darauf hinzuweisen, sonst wird vom anderen meine Toleranzgrenze mit meiner tatsächlichen Grenze verwechselt.

Tolerant sein heißt, eine Grenzüberschreitung, die eine Person unwissentlich begangen hat, als Ausnahme gelten zu lassen.
Der Grenzverletzer ist verpflichtet, seine Grenzverletzung ohne Aufforderung zu begründen.
Der Verletzte wiederum hat die Aufgabe, auf die Begründung zu reagieren:
- Die Begründung wird akzeptiert.
- Sie wird nicht akzeptiert und die Verärgerung bleibt. Ein Ausgleich ist anzustreben. Z. B.: Der Mann organisiert ein gemeinsames Wochenende.
- Vereinbarungen für zukünftige vergleichbare Anlässe werden getroffen sowie Konsequenzen im Fall von Grenzverletzungen festgelegt.

3.9 Grenzverletzungen drängen auf Ausgleich

Grundsätzlich drängen Grenzverletzungen nach einem Ausgleich. Habe ich eine Grenzverletzung begangen und ist der Schaden wieder gutzumachen, dann habe ich die Verpflichtung – und der andere hat das Recht – auf einen Ausgleich für den ihm entstandenen Schaden (z. B. bei einem Sachschaden).

Pönale sind eine gängige Methode in der Wirtschaft, vereinbarte Grenzen im Fall ihrer Verletzung durch eine finanzielle Wiedergutmachung auszugleichen.
Wird z. B. ein Liefertermin nicht eingehalten, ist für jeden Tag, der überschritten wird, eine bestimmte Summe als Schadenersatz zu entrichten. Es ist wichtig, dass derartige Konsequenzen vorher klar sind, um sich später möglichen Ärger und Missverständnisse zu ersparen.

1 Euro pro Minute

Im Leitungsteam eines Krankenhauses wurde für Besprechungen eine besondere Vereinbarung getroffen: Für jede Minute, die ein Besprechungsteilnehmer zu spät kommt, ist generell 1 Euro zu entrichten. Das gesammelte Geld wird einmal jährlich für eine gemeinsame Aktivität ausgegeben.

Kann der Zu-spät-Gekommene keinen plausiblen Verhinderungsgrund angeben, ist die entsprechende Summe in jedem Fall zu bezahlen.

Ist der Grund seiner Verhinderung für die anderen Besprechungsteilnehmer entschuldbar (z. B. Notfall im OP), können sie Toleranz walten lassen und ihm den Betrag zur Gänze oder teilweise erlassen.

Das Streben von Geben und Nehmen nach Ausgleich

Schuld entsteht, wenn Geben und Nehmen nicht ausgewogen sind. Wenn mir jemand einen Gefallen getan hat, dann sage ich: „Ich stehe in deiner Schuld!", „Ich bin dir noch was schuldig!", „Da hast du was gut bei mir!"

Unausgeglichenheit entsteht, wenn der eine stets gibt und der andere stets nimmt. Das mag in einer Partnerschaft eine Zeit lang gut gehen: Vor allem Frauen stellen ihre persönlichen Wünsche zurück, um ihrem Partner berufliches Weiterkommen zu ermöglichen. Oder: Eine Person gibt der anderen Zuwendung und Zärtlichkeit, umgekehrt ist dies jedoch selten der Fall. Der Dynamik von Geben und Nehmen liegt das innere Streben nach Ausgleich zugrunde. Wenn dieser Ausgleich letztlich nicht stattfindet, ist für jene Person, die sich im Nachteil fühlt, eine Grenzverletzung gegeben. Je nachdem, wie die persönlichen

Grenzlinien verlaufen, kann dieser fehlende Ausgleich als noch tragbare Schuld (Schmerzgrenze) oder als nicht mehr verzeihliche Schuld (absolute Grenze) empfunden werden.

Der Ausgleich im „Handumdrehen"
Manches Mal passiert ein Ausgleich reflexartig:
Beispiel: Ein Mann klatscht einer Frau auf den Po. Instinktiv verpasst die Frau dem Mann eine Ohrfeige. Die Grenzverletzung wurde sofort geahndet und das Konto ist ausgeglichen.

Erfahrungen zu Geben und Nehmen
Menschen besitzen so etwas wie eine innere Buchhaltung. Diese wird mehr oder weniger bewusst geführt und offen angesprochen:
- Wer leistet viel? Wer wenig?
- Wer bringt was ein? Wer nichts?
- Wem wird (schon wieder) was gegeben?
- Wem wird was vorenthalten?

Macht bekommt oder beansprucht der, dem Unrecht geschieht. Die Frage, ob jemand, der mehr gibt, oder jemand, der mehr nimmt, letztlich die Schuld trägt, möchte ich so beantworten: Meine Erfahrung ist, dass *dauerhaft* Gebende aufgrund ihrer aktiven Rolle stärker eine Unausgewogenheit fördern. Sie tun sich schwer, das Rad des Gebens anzuhalten und STOPP zu sagen. Dauernd Gebende fördern durch ihr Verhalten stärker Beziehungsabbrüche als jene, die mehr nehmen.

Durch Gebende können Nehmende in eine Form der emotionalen Bindung und Verpflichtung gelangen, aus der sie sich nur schwer befreien können. Sie fühlen sich dann dem Gebenden zu ewiger Dankbarkeit verpflichtet. Dies kann gegenüber dem Arbeitgeber, einer Glaubensgemeinschaft bzw. Sekte, den Eltern oder anderen privaten Personen der Fall sein.

Welche Formen von Schuld gibt es?
Grundsätzlich gibt es zwei Formen von Schuld:
Positive Schuld
Sie haben einer Person mehr gegeben als von ihr genommen.

Diese Person steht nun in Ihrer Schuld. Sie besitzen ein Habenkonto.
Negative Schuld
Sie haben von der anderen Person mehr erhalten, als Sie ihr gegeben haben. Sie sind dieser Person damit etwas schuldig. Sie besitzen ein Sollkonto.

Wie erfolgt ein Schuldenausgleich?

Ausgleich durch Weitergabe an Dritte
In dieser Form des Ausgleichs wird das Erhaltene letztlich weitergeleitet und verbleibt nicht beim Beschenkten.

Ein positives Beispiel aus dem privaten Bereich:
Ein Kind gegenüber den Eltern: „Liebe Eltern, ich kann euch nicht zurückgeben, was ich euch verdanke. Ich verspreche, das Erhaltene bestmöglich zu verwalten und es an unsere nächste Generation weiterzugeben."
Ein negatives Beispiel aus dem beruflichen Bereich:
Die Kritik des Chefs bezüglich der mangelhaften Arbeit am letzten Projekt wird vom Abteilungsleiter an seine Mitarbeiter weitergegeben.
Prinzip des Ausgleichs: „Wer getreten wird, der tritt!"
Denken Sie an das erwähnte Beispiel zur Äußerung der Kritik des Mitarbeiters gegenüber seinem Chef. Wenn dieser die Kritik abweist, bahnt sie sich einen neuen Weg: Die Kritik am Chef wird an andere weitergegeben.
Prinzip des Ausgleichs: „Was nach oben nicht dringen darf, wird nach unten breitgetreten!"

Ausgleich durch Zurückgeben oder Zurückzahlen
Der Gebende erhält einen Gegenwert, der für ihn akzeptabel ist. Das kann sein:
Der Nachbar hilft Ihnen bei handwerklichen Arbeiten, die Ihnen schwer fallen. Sie helfen ihm dafür bei Computerarbeiten, die er nicht so gut kann.

Der entliehene Rasenmäher wird vom Nachbarn an dessen Besitzer so zurückgebracht, wie er ausgeliehen wurde: gereinigt und voll getankt.
Einladungen ins Kino oder zum Essen werden durch entsprechende Gegeneinladungen ausgeglichen.
Der Mitarbeiter bekommt entsprechenden Lohn für seine Arbeitsleistung.
Sie zahlen der Bank Zinsen für den beanspruchten Kredit.

Das Bedürfnis nach Zurückgeben oder Zurückzahlen in der negativen Form stellt sich beim Betroffenen dann ein, wenn dieser Ausgleich aus dessen Sicht nicht gegeben ist.

In diesem Sinne wohnt daher dem allseits bekannten Spruch „Wie du mir, so ich dir!" sowohl die positive als auch die negative Form des Zurückgebens bzw. Zurückzahlens inne.

Ausgleich durch DANKEsagen
DANKE sagen bedeutet, das Erhaltene als Geschenk anzunehmen ohne jede Verpflichtung. Der Geber erwartet dafür keine Gegenleistung.
Echte Dankbarkeit drückt sich vor allem in der Freude des Beschenkten aus. Ich denke hier besonders an die vor Freude strahlenden Gesichter der Kinder. Nur ein aus dem Herzen gegebenes DANKE entschuldet.
Beispiele aus anderen Ländern:
Die Sioux-Indianer kennen kein Wort für DANKE schön, jedoch zwanzig Wörter für Freude.
Die Amerikaner feiern alljährlich ihren Thanksgiving Day und die Christen ihr Erntedankfest. Sie tun das, um DANKE zu sagen: für das durch die Natur und von anderen Menschen Erhaltene; für das, was ihnen durch Zufall, Glück, Schicksal oder göttliche Fügung an Gutem widerfahren ist. Die Dankenden wissen, dass sie das Erhaltene nicht zurückzahlen können. Im Ausdruck ihrer tiefen Freude und ihres Dankes schließen Sie den Kreis von Geben und Schuld.

> EINE BEZIEHUNG ENTSTEHT NUR DANN, WENN DAS DANKEN SIE HERSTELLT.
> Simone Weil

Echter Dank schließt ab und gleicht aus. Er würdigt den Geber und stellt Beziehung her. Wie schon gesagt sind Grenzverletzungen, die aus Liebe geschehen, nicht nur schwer zu erkennen, sondern auch am schwierigsten zu ahnden. Hier spielt oft der Dank, die *Würdigung des gut Gemeinten in einer Handlung*, eine zentrale Rolle. In der Reaktion auf eine Grenzverletzung aus Liebe sind daher zwei Dinge wichtig: Erstens, ich sehe die gute Absicht im Verhalten, teile das mit und *bedanke mich aus ganzem Herzen*. Damit würdige ich die Person und ihre Liebe zu mir.

Das Zweite ist, dass ich *sage, was ich nicht mehr möchte*. Dabei kann eine Begründung hilfreich sein, damit es die andere Person verstehen kann. Sie kann es aber auch akzeptieren, weil sie merkt, wie wichtig mir dieser Wunsch ist.

Beide Botschaften müssen in ihrem je eigenen Wert beim anderen ankommen:

- Ich danke dir und ich schätze dich.
- Ich möchte nicht, dass … Der Grund ist …

Dadurch wird es möglich, dass nach der Grenzverletzung die Beziehung wieder fließen kann.

Die fleißige Sekretärin

Die Sekretärin von Franz K. arbeitet auf dessen Bitte hin um eine halbe Stunde länger, als sie dies entsprechend den Anstellungsbedingungen tun müsste

(12.30 Uhr anstatt 12 Uhr). Als Ausgleich bietet er ihr an, am nächsten Tag eine halbe Stunde später zu beginnen (8.30 Uhr anstatt 8 Uhr).
Am nächsten Morgen erscheint sie um Punkt 8 Uhr. Er ist verärgert, weil sie sich an die Vereinbarung nicht gehalten hat. Die Sekretärin ist gekränkt, weil er diese halbe Stunde Arbeitszeit vom Vortag nicht als Geschenk angenommen hat.

Lösung:
Herr K. bedankt sich für das Geschenk und die Loyalität, die sie damit gezeigt hat. Gleichzeitig betont er, dass er ein derartiges Geschenk in Zukunft nicht mehr annehmen möchte.

Der Wochenendbesuch

Die Tochter lebt mit ihrem Mann und ihren Kindern seit mehreren Jahren in einer anderen Stadt. Hin und wieder kommt sie zu ihren Eltern am Wochenende auf einen Blitzbesuch. Sie kommt dann am Freitagabend mit der ganzen Familie und bleibt bis Sonntag. Oft tut sie das, indem sie kurz vor der Abreise zu Hause anruft und sagt: „Du, Mutti, wir kommen zum Wochenende. In zwei Stunden sind wir bei euch!"
Die Mutter erlebt diese Situation zwiespältig. Einerseits freut sie sich über den Besuch ihrer Tochter. Andererseits macht es ihr aufgrund ihres Alters und gesundheitlicher Beschwerden Mühe, in so kurzer Zeit das Haus zu reinigen, die Zimmer und Betten herzurichten,

noch Lebensmittel einzukaufen und vorzukochen.
Sie meint, dass sie dies tun müsse. Andererseits hat sie selbst mit ihrem Mann für das Wochenende einen Ausflug geplant.
Schon einmal hat sie der Tochter versucht zu sagen, dass ihr diese spontanen Besuche nicht recht sind. Die Tochter reagierte damals sehr heftig: „Wenn es dir nicht recht ist, dann siehst du uns halt nicht mehr!"

Lösung:
Wenn sich die Tochter mit ihrem Familienbesuch das nächste Mal zeitlich so knapp vorher meldet, kann die Mutter Folgendes sagen: „Liebe Tochter, es freut mich sehr, dass ihr zu Besuch kommt. Nachdem ich erst jetzt von deinem Besuch erfahre, werde ich die Zimmer nicht mehr reinigen und die Betten machen können. Ich bitte euch, dass ihr das macht. Übrigens werden wir am Wochenende nicht die ganze Zeit anwesend sein, da wir schon einen Ausflug geplant haben. Wegen der Mahlzeiten: Ich habe noch etwas im Gefrierschrank, das ich euch zum Auftauen herauslege. Und am Sonntag laden wir euch in ein Lokal zum Essen ein, dann haben wir keinen Stress mit dem Kochen und mehr Zeit zum Plaudern. Ich freue mich schon!"

Die 18 Geschenke der Mutter

Die Tochter wurde 18 Jahre alt. Die Mutter hatte ihr mit Freude 18 Pakete sehr liebevoll eingepackt. In zirka der Hälfte der Pakete war Bettwäsche. In den restlichen Paketen befanden sich verschiedene andere Geschenke. Die Mutter übergab diese 18 Pakete. Die

Tochter öffnete das erste Paket, sah die Bettwäsche und bekam einen Tobsuchtsanfall: „Mutti, ich habe dir schon so oft gesagt, dass ich keine Bettwäsche will! Jetzt schenkst du mir schon wieder Bettwäsche! Die kannst du dir behalten!" Sowohl die Tochter als auch die Mutter waren gekränkt. Die ganze Geburtstagsfeier stand unter einem schlechten Stern. Die Tochter hatte mich im Seminar gefragt: „Was ist da falsch gelaufen?"

Grenzverletzungen sind hier von beiden Seiten passiert:
Einerseits ist eine Verletzung durch die Tochter geschehen, weil sie vergessen hatte, die gute Absicht der Mutter zu würdigen. Sie hätte sagen müssen: „Liebe Mutter, danke, dass du dir mit den 18 Paketen so viel Mühe gemacht hast. Über die vielen Geschenke freue ich mich sehr. Ich muss dir aber sagen, dass ich die Bettwäsche nicht behalten kann. Ich möchte sie nicht verwenden und gebe sie dir wieder zurück."
Andererseits hat die Mutter eine Grenzverletzung begangen, weil sie ihre Tochter nicht wertgeschätzt hat. Sie hat nicht die Wünsche der Tochter für wichtig erachtet, sondern ihre eigenen. Hätte sie die Wünsche der Tochter ernst genommen, hätte sie ihr keine Bettwäsche geschenkt.

Eine Lösung zu den 18 Geschenken:
Die Mutter soll sich bei Geschenken für die Tochter tatsächlich auf deren Wünsche konzentrieren. Sie fragt sie rechtzeitig, was sie als Geschenk haben möchte, und richtet sich auch danach.

Diese Geschichte erinnert mich an Hans B., der mir einen Wecker schenkte. Als er mir diesen gab, sagte er: „Eigentlich wollte ich mir den Wecker fast behalten." Für mich war es der dritte Wecker, den ich von ihm erhielt. Ich hatte mich durch dieses Geschenk von ihm nicht wertgeschätzt gefühlt.

Was Sie bei Geschenken beachten sollten
Hier sind vor allem zwei Aspekte wichtig:
Ist es „nur" ein Geschenk? Oder soll es auch überraschen?

- Wenn es „nur" ein Geschenk sein soll und keine Überraschung, kann ich mir als zu Beschenkender am besten eine Liste machen, auf der ich im Laufe des ganzen Jahres Ideen sammle. Damit habe ich Vorschläge parat, wenn mich andere fragen, was sie mir schenken sollen.
- Eine Mittelform zwischen Geschenk und Überraschung ist folgende:
  Ich kann den anderen auch fragen, ob er nicht drei Wünsche nennen kann. Ich habe dann die Möglichkeit auszuwählen, welchen der drei Wünsche ich ihm tatsächlich erfüllen möchte. Damit ist bei der Geschenkübergabe immer noch ein gewisser Überraschungseffekt dabei.
- Wenn ich jemand überraschen will, dann muss ich versuchen, möglichst viele Informationen über die Bedürfnisse und Interessen dieser Person zu erfahren, damit ich in der Wahl der Geschenke relativ treffsicher sein kann. Das ist *eine* Form von Wertschätzung des Beschenkten, dass ich genau seine Bedürfnisse wahrnehme, die er im Laufe der vielen Begegnungen direkt oder indirekt geäußert hat: was er z. B. gerne mag, isst, hört oder unternimmt.
- Geschenke an Kinder. Um zu Weihnachten als Onkel oder Tante den Nichten und Neffen nicht das Verkehrte zu schenken, hat einer meiner Freunde in seinem Familienbereich folgende Lösung gefunden: Die Mütter der jeweiligen Kinder erhalten vorab Geldbeträge, mit denen sie dann Geschenke für die Kinder kaufen.
- Was ein Geschenk noch auszeichnet, ist, dass das Geschenk ein *Geschenk* ist. Es wird mit Dank, Freude, einem Lächeln und dem Strahlen in den Augen bezahlt. Wie gesagt: Es besteht kein Anrecht auf eine Gegenleistung.
- Ein echtes Geschenk ist nicht an Bedingungen geknüpft. Geschenke, die an Bedingungen geknüpft sind, sind keine Geschenke des Herzens an die andere Person, sondern haben

mit Absichten und Interessen des Gebers zu tun:
Wenn ich mir insgeheim ein Gegengeschenk erwarte, vielleicht in der gleichen finanziellen Größenordnung oder eine Gegenleistung in Form von Zuwendung oder Liebe, dann handelt es sich um eine *Investition*. Ein Handel, der mir den erhofften Ertrag erbringt: Ich schenke dir etwas. Dafür erwarte ich mir etwas.
Beispiele für erhoffte Gegenleistungen oder daran geknüpfte Bedingungen:
- Damit du immer an mich denkst! = Du darfst es nicht weitergeben! = Du musst an mich denken, ob du willst oder nicht!
- Verlobungsgeschenk, das nach Auflösung der Verlobung zurückverlangt wird.
- Du bekommst das Haus, damit der Name der Familie auf dem Haus bleibt! = Du darfst es nicht verkaufen!
- Spende an eine soziale Einrichtung = ich schenke Geld, um ein gutes Gewissen zu haben und meine Nächstenhilfe an Profis zu delegieren.

- Kann ich mit dem Geschenk tun, was ich möchte?
Mit dem Dank ist das Geschenk bezahlt und die Handlung des Schenkens abgeschlossen. Ich habe damit die Erlaubnis, das Geschenk in meinem Sinn zu verwenden, z. B. auch weiterzugeben.
Auch das Erbe ist ein Geschenk der Eltern und ist dementsprechend zu behandeln: Ich kann es annehmen, anderen weiterschenken oder ablehnen.

Wenn der Kontostand unterschiedlich bewertet wird

Gleiche Dinge werden von verschiedenen Personen oft unterschiedlich bewertet.
Dadurch kommt es in der Folge auch zu unterschiedlichen Bewertungen der Soll- und Haben-Kontostände. Dies führt zu verschiedenen Erwartungen und Verhaltensweisen.

Der gemeinsame Haushalt

Der Mann ist Alleinverdiener. Er bringt durch seine Arbeit die finanziellen Mittel für den gemeinsamen Haushalt ein. Er bucht für diese Leistung vierzig Gutpunkte auf sein Habenkonto. Seine Frau hingegen bucht für diese Leistung nur drei Gutpunkte auf das Konto des Mannes.

Aus seiner Sicht ist ihm seine Frau viel schuldig. Er sieht sich daher nicht veranlasst, derzeit weitere Leistungen, z. B. in Form von Haushaltsarbeiten, einzubringen. Aus dem Blickwinkel der Frau sieht das jedoch ganz anders aus. Für sie steht das Konto des Mannes im Vergleich zu ihren Leistungen im Soll, denn ihre Haushaltsarbeit bewertet sie höher als die Punkte, die ihr Mann mit seinem Alleinverdienst in ihrer Bewertungsskala erzielt hat.

Es kann für Sie sehr klärend sein, in der eigenen Partnerschaft ein derartiges Kontogespräch zu führen. Vielleicht sagen Sie sich jetzt: „Nein, lieber nicht! Das bringt nur Ärger." Faktum ist, dass diese unterschiedlichen Bewertungen von Leistungen unser Zusammenleben prägen, auch wenn sie nicht ausgesprochen werden. Es kann Ihnen einiges an Mut abverlangen, Ihre Sichtweise im Gespräch mit dem Partner einzubringen und Ihre Wünsche anzusprechen. Das gemeinsame Gespräch und der Vergleich der vermuteten Kontostände können eine hilfreiche Brücke sein, sich mit der unterschiedlichen Bewertung von Leistungen auseinander zu setzen. Vielleicht gelingt es Ihnen, einen Strich unter bisherige Verrechnungsarten zu machen und gemeinsame Kriterien der Bewertung zu finden. Das Ziel könnte ein neue Vereinbarung für einen für beide zufrieden stellenden Lastenausgleich sein.

Was tun, wenn der Ausgleich nicht mehr möglich ist?

Wenn jemand durch mein Handeln körperliche oder psychische Verletzungen erleiden musste, ist meist nur eine teilweise Wiedergutmachung möglich.

Denken Sie z. B. an einen Verkehrsunfall, den Sie verursacht haben. Jemand trägt dadurch körperliche Schäden davon, die irreparabel sind. Das kann eine Verletzung an der Hand, aber auch ein Unfall mit Todesfolge sein.

Finanzielle Entschädigungen können das entstandene Leid oder eine aus dem Unfall resultierende körperliche Behinderung nur begrenzt lindern. Auch entstandenes Leid auf psychischer Ebene durch Demütigung, Mobbing u. dgl. lässt sich letztlich finanziell nicht zurechtbiegen.

Ein Ausgleich durch Gegenverletzung auf *gleicher* Ebene macht hier wenig Sinn. Er würde der Methode des Ausgleichs von „Auge um Auge, Zahn um Zahn" folgen. Auch erlittene Demütigungen oder das angesprochene Mobbing sind nicht durch entsprechende Gegengrenzverletzungen wieder gutzumachen. Im Alltag wird oft ein Schadensausgleich auf dieser Ebene praktiziert. Das Ergebnis ist letztlich nicht Ausgleich, sondern im besten Fall eine einseitige Genugtuung und das Aufrechterhalten einer Gewaltspirale.

Hier stößt das Recht auf Ausgleich auf vergleichbarer oder gleicher Ebene an eine Grenze. Die Lösung in Richtung Ausgleich kann in diesem Fall nur auf zwei Ebenen erfolgen:

Der äußere Ausgleich
Hier wird versucht, auf vergleichbarer Ebene die bestmögliche Wiedergutmachung anzustreben durch finanzielle oder andere Entschädigungen, die vom Recht bzw. von den Betroffenen als solche akzeptiert werden.

Der innere Ausgleich
Der andere Teil der Lösung ist auf der Ebene des *inneren Ausgleichs* zu suchen, auf jener des Verzeihens und der *Vergebung*. Das ist die höchste Form des Ausgleichs.

Der Ausgleich durch Vergebung
Diese Form des Ausgleichs bedarf vor allem der Reue des Verletzers: „Es tut mir Leid!" Er gesteht seine Schuld ein und bittet um Ent-schuldung. Nur wenn dies ehrlich gemeint ist und aus tiefstem Herzen kommt, sind Vergebung und Versöhnung möglich. Ein Gradmesser dafür, ob es sich um echte Reue handelt, ist, dass der Schuldige jenen Schmerz mitfühlen und zulassen kann, den er der anderen Person zugefügt hat. Er ist offen für die Verletzung und das Leid des anderen.

Der Verletzte kann diese Reue und die Bitte um Entschuldigung annehmen. Mit der Annahme wird der innere Ausgleich wiederhergestellt.

Die Verletzung bleibt jedoch ein unauslöschlicher Teil der gemeinsamen Geschichte. Sie kann nicht rückgängig gemacht, aber der gemeinsame Weg nun fortgesetzt werden.

Verzeihen – aber richtig
Wenn ich vorschnell vergebe, findet der Schuldenausgleich nicht statt.
Verzeihen braucht Zeit. Ich selbst muss reif dafür sein:
Solange ich noch negative Gefühle in mir habe oder der Schmerz noch nicht ausgelebt worden ist, ist Vergebung nicht möglich.

Erst danach ist eine Aussöhnung mit dem Schuldner sinnvoll und seine Schuld getilgt.

> WIR SOLLTEN VON DEN CHINESEN LERNEN – DIE HABEN DAS GLEICHE SCHRIFTZEICHEN FÜR KRISE UND CHANCE.
> Richard von Weizsäcker

4 Grenzen festlegen und vereinbaren

4.1 Einmalige und dauerhafte Grenzen vereinbaren

Einmalige Grenze vereinbaren
Eine Zusage oder Vereinbarung wird nur für eine konkrete Situation festgelegt. Es muss klar ausgesprochen sein, dass es sich um eine Ausnahme handelt, um Missverständnissen vorzubeugen.

Dauerhafte Grenzen vereinbaren
Dauerhafte Grenzen werden dort vereinbart, wo eine längerfristige Regelung sinnvoll ist.
Die weitaus größere Anzahl an Grenzziehungen in unserem Alltag ist für eine gewisse Zeit gültig. Dies ist für das Zusammenleben von Menschen eine große Entlastung. Stellen Sie sich nur vor, wenn die Regelungen für den Straßenverkehr täglich neu geschaffen werden müssten.
Vereinbarte Grenzen gelten so lange, bis eine der betroffenen Parteien eine Veränderung verlangt.

Besonders schwierig ist das Festlegen von Vereinbarungen dort, wo mehrere Personen Revierrechte beanspruchen bzw. nicht von Anfang an Regelungen festgelegt worden sind.

Der gemeinsame Aufenthaltsraum am Arbeitsplatz:
Alle nützen ihn, jeder bedient sich an der Kaffeemaschine, keiner wäscht die Gläser ab oder räumt was weg. Spätestens dann, wenn keine unbenutzte Kaffeetasse mehr zur Verfügung steht, macht sich Ärger über die „anderen" breit.

Das Wohnzimmer:
Die Kinder verteilen ihre Spielsachen in gekonnter „Streuordnung" über Sitzmöbel, Tisch und Teppich. Papa stellt seine

Arbeitstasche gleich neben der Tür ab und legt nur kurz seine Jacke über einen der Wohnzimmersessel. Mama ist noch nicht dazu gekommen, die Bügelwäsche wegzuräumen usw.

Solange keine klaren Regelungen festgelegt werden, wird jeder das nicht eindeutig definierte Revier „Wohnzimmer" oder „Aufenthaltsraum" nach eigenem Gutdünken beanspruchen und „markieren".
Es müssen auch Konsequenzen festgelegt werden, wenn Vereinbarungen nicht eingehalten werden.

Der Zaubersack

Im Fall der „Streuordnung" von Kindern weiß ich von einer Mutter, dass die Empfehlung bei einem Vortrag von Jan Uwe Rogge, dem Buchautor von „Kinder brauchen Grenzen", der so genannte Zaubersack, wahre Wunder gewirkt hat.
Die Mutter hatte es satt, die Schulhefte, Kleidungsstücke oder Schuhe ihrer Kinder, die im Wohnzimmer herumlagen, ständig wegzuräumen. Sie teilte ihren Sprösslingen mit, dass diese Utensilien nach dem dritten Mal Herumliegen in einem Sack verstaut werden würden, der für vierzehn Tage nicht geöffnet werden würde. Nachdem der erste Fleiß des Wegräumens verflogen war und die Kinder wie eh und je ihre Sachen im Wohnzimmer verteilten, verstaute die Mutter die Lieblingsschuhe, den Gameboy und das Mathematikheft im Zaubersack. Sie führte darüber genau Buch, was an welchem Tag im Wohnzimmer aufzufinden war, um für

spätere Diskussionen gerüstet zu sein. Das Erstaunen der Kinder war groß, als die Mutter ihre Drohung wahr machte, konsequent blieb und auch nicht durch Weinausbrüche oder flehentliches Bitten zu erweichen war. So musste der Sohn seinem Mathematiklehrer erklären, warum er sein Heft nicht zur Hand hatte.
Seither ist das Wohnzimmer wieder bewohnbar und kein Abstellraum mehr.

4.2 Über die Grenze einladen

Es gibt Situationen, in denen ich selber möchte, dass jemand meine Grenze überschreitet.
Dies kann liebevoll geschehen, wenn vorher – bewusst oder unbewusst – eine entsprechende Bitte oder Einladung ausgesprochen worden ist.

Unser Sohn, der mittlerweile eine eigene Wohnung hat, putzt diese grundsätzlich selbst. Zweimal im Jahr lädt er seine Mutter ein, ihm bei der Generalreinigung zu helfen.

Ähnlich macht es mein Freund Stefan, der einmal jährlich seine Mutter einlädt, ihm bei der Pflege und Neubepflanzung des Gartens zu helfen.

Weitere Beispiele:
- „Darf ich Sie zu meiner Geburtstagsfeier einladen?"
- „Bitte sagen Sie mir künftig, wenn Ihnen bei der Erledigung meiner Aufgabe etwas negativ auffällt."
- „Ich komme mit meiner Arbeit nicht zurande. Können Sie mir bitte helfen und etwas übernehmen?"
- „Sagen Sie mir ehrlich, wie es Ihnen mit mir als Vorgesetzten geht."

Wie lade ich jemand zur gewollten
Grenzüberschreitung richtig ein?
Am besten gehe ich der einzuladenden Person entgegen.
Ich erkläre ihr, dass es eine Einladung ist und keine generelle
Erlaubnis zur Grenzüberschreitung.
Damit Einladungen kein Freibrief für Grenzüberschreitungen
werden, die ich nicht möchte, muss ich diese Grenzen vorher
klar kommunizieren. Z. B.: Ich habe Zeit von 9 bis 11 Uhr.
Ich bedanke mich für die Einladung und begleite die Person
wieder aus dem Revier hinaus.

Unangemeldete Besucher

Unangemeldete Besucher bitte ich mit dem Satz „Genügen 10 Minuten?" in mein Büro. Damit habe ich eine Besuchsgenehmigung für 10 Minuten erteilt. Ich habe dadurch auch die unausgesprochene Erlaubnis, die Person nach 10 Minuten wieder aus dem Büro zu bitten. Falls das Gesprächsthema für mich sehr interessant ist, kann ich mit einer kurzen Begründung die Besuchszeit verlängern.

4.3 JA und NEIN – zwei Schlüsselwörter im Grenzensetzen

Wenn Sie einen Freund oder Partner haben, der nicht aus innerer Überzeugung NEIN sagen kann, können Sie davon ausgehen, dass diese Person auch nicht wirklich JA sagt: ein klares JA zu einer Aufgabe, ein JA zu Ihnen als Freund oder Partner! Wer nicht NEIN sagen kann, gesteht sich das Recht auf eigene Grenzen nicht zu. Er muss erst lernen, seine eigenen Grenzen so wertzuschätzen und zu respektieren wie die Grenzen einer anderen Person.

> NUR WER NEIN SAGEN KANN,
> KANN AUCH JA SAGEN.

Der Kinobesuch

Meine Schwester wollte unbedingt mit mir ins Kino gehen. Ich hatte ihr auch immer wieder signalisiert, dass ich mit ihr gerne etwas unternehmen würde. Als ich dann zu ihrem konkreten Angebot NEIN sagte, war sie lange Zeit sauer auf mich. Bei einem späteren Gespräch sagte sie mir, dass sie jetzt über mein NEIN froh sei. Sie weiß dadurch umgekehrt, dass ein JA von mir wirklich ein JA ist und nicht eines bloß ihr zuliebe.

Die Fähigkeit, haltbare Vereinbarungen zu treffen

> EUER JA SEI EIN JA,
> EUER NEIN EIN NEIN,
> ALLES ANDERE STAMMT
> VOM BÖSEN.
> Neues Testament, Matthäus 5, 37

Eine Vereinbarung ist erst dann beständig, wenn von beiden Seiten das JA und das NEIN klar ausgesprochen sind. Diese beiden Zauberwörter sind die Grundlage für das alltägliche Miteinander. Erst durch sie können beidseitig getragene Verbindlichkeiten, Aktivitäten oder Grenzlinien verhandelt und vereinbart werden.

JA und NEIN sind Zeichen der eigenen Position
Ein Beispiel aus dem privaten Bereich:

Der unfassbare Mann

Ein Seminarteilnehmer berichtete, dass sich seine Frau darüber ärgere, dass er sich so wenig in der Partnerschaft zur Kindererziehung äußere. Er erklärte mir, dass er in der Kindererziehung seiner Frau völlig vertraue und ihren Ärger nicht verstehe. Für ihn sei das okay, dass die Erziehung der Kinder ihr Revier sei. Auch in Konflikten mit seiner Frau sei diese oft sauer, weil er meist nachgebe und Streiten lieber aus dem Weg gehe. Er tue das, so seine Begründung, weil ihm eine harmonische Beziehung wichtig sei.

Ich lud ihn zum Thema Kindererziehung zu einer Grenzen-Übung ein. Ich bat ihn, eine Seminarteilnehmerin auszuwählen, die dabei die Rolle seiner Frau übernimmt. In der Übung zeigte sich, wie sehr die Teilnehmerin darunter litt, dass ihr männliches Gegenüber ständig zurückwich und nicht greifbar wurde. Je mehr sie ihm auch nachging, er veränderte sein Verhalten nicht. Je länger die Übung dauerte, desto mehr ärgerte sich die Teilnehmerin in der Rolle der Frau über das Verhalten des Mannes. Als er weiterhin keinen Gegendruck bot, um kein Revier und keine Position kämpfte, brach sie frustriert die Übung ab.

Im anschließenden Gespräch zeigte sich, dass sich seine Frau deshalb ärgert, weil sie die Kindererziehung als *gemeinsames* Revier betrachtet und sich der Mann aus diesem Revier zurückgezogen hat. Er bezieht keine

Position, er sagt bei Entscheidungen um die Kinder weder JA noch NEIN. Er lässt seine Frau in der Verantwortung um die Kindererziehung allein. Jene Teilnehmerin, die in der Grenzen-Übung die Rolle seiner Frau übernommen hatte, bat den Mann, die Übung ein weiteres Mal durchzuführen, nun aber mit vertauschten Rollen. Als der Mann mit seinem eigenen Verhalten konfrontiert wurde, unterbrach er nach kurzer Zeit die Übung und sagte: „Wie mühsam muss es für meine Frau sein, wenn ich ihr in wichtigen Anliegen ausweiche, keine klare Meinung vertrete und Konflikte vermeide. Ich werde mein Verhalten überdenken müssen, wenn ich eine harmonische Beziehung haben möchte."

JA und NEIN schaffen Klarheit
und machen frei für Alternativen
Ein praktisches Beispiel aus dem Arbeitsalltag:
Sagt ein Mitarbeiter zu einer ihm zugeteilten Aufgabe ein *begründetes* NEIN, kann der Vorgesetzte einen anderen Mitarbeiter heranziehen, der diese Arbeit übernimmt. Bei einem Vielleicht (= wenn ich dazu komme) ist dies nicht möglich.

Zum Ende einer Konferenz mahnt der Sitzungsleiter zu mehr Zeitdisziplin: „Aber das nächste Mal, meine Herren, beginnen wir pünktlich!" Da die Konferenzteilnehmer sich nicht mehr dazu äußern, existiert keine gültige Vereinbarung, sondern nur eine Willensäußerung des Sitzungsleiters.
Hier ist das JA oder NEIN der Sitzungsteilnehmer einzuholen. Einseitige Wünsche sind keine Vereinbarungen!

Jede Form von Abstimmung schafft Klarheit (JA/NEIN) und ist die Basis für verbindliche Vereinbarungen.

In vielen Organisationen wird bei Entscheidungen das Schweigen bzw. die nicht offen gezeigte Ablehnung der Teilnehmer als Zustimmung gewertet. In der Praxis kann diese Vorgehensweise vor allem dann schwierig werden, wenn sich die getroffene Entscheidung als Fehlentscheidung herausstellt. Schnell werden dann jene Stimmen laut, die nicht mit einem klaren JA gestimmt und damit die Entscheidung nicht wirklich mitgetragen haben: „Ich hab damals nix gesagt. Ich war nicht dafür!"

4.4 Übungen im Kleinen machen den großen Meister

> WIDERSPRECHEN UND WIDERSTAND
> MUSS MAN LERNEN, ÜBEN, TRAINIEREN.
> Manfred Welan

Die größte Wirkung bei der Verteidigung von Grenzen erzielt man mit ständigem Üben.
Nicht zufällig hält beispielsweise das Bundesheer regelmäßig Truppenübungen ab und zieht Reservisten ein, um im Fall einer Grenzverletzung die wichtigsten Handgriffe zu beherrschen.
Auch Sie brauchen Übung, um die vielfältigen Grenzen in Ihrem privaten und beruflichen Bereich erfolgreich verteidigen zu können. Lernen Sie, JA und NEIN zu sagen und angekündigte Konsequenzen auch durchzuhalten.
Als Übungsfeld für wirklich wesentliche Dinge sind Kleinigkeiten bestens geeignet. Übungsgelegenheiten bieten sich praktisch täglich an. Ich möchte Ihnen Mut machen, die eine oder andere Gelegenheit bewusst zu nutzen, gerade wenn Sie im Grenzensetzen noch nicht so geübt sind. Der Sprung zur erfolgreichen Grenzverteidigung im Großen ist kleiner, als Sie vielleicht vermuten.
Tolerieren Sie nicht mehr, was Sie bisher hingenommen haben.

Das ist mir nicht wurst
Sagen Sie das nächste Mal bei der Wursttheke, wenn es heißt „Darf es ein bisserl mehr sein?": „NEIN, ich will nur 15 Deka, bitte!"

Wein, danke
Jemand hat Ihnen ungefragt noch Wein nachgeschenkt. Sagen Sie: „NEIN, danke, ich will nichts mehr trinken!", und lassen Sie das volle Glas stehen.

Genug gefuttert
Hören Sie zu essen auf, wenn Sie satt sind, auch wenn nur noch ein kleines Stück auf Ihrem Teller liegen sollte.
Wir haben verlernt, unseren Sättigungspunkt zu spüren oder ernst zu nehmen. Werfen Sie die alte Benimm-dich-Regel, dass man alles aufessen muss, was am Teller ist, über Bord. Sicher kennen Sie auch folgende Aussprüche: „Wenn du nicht aufisst,
- wird morgen das Wetter schlecht;
- ist Mutter oder die Gastgeberin beleidigt;
- bist du ein unartiges Kind;
- bist du undankbar – denke an jene, die nichts zu essen haben."

Mein Gast ist nur bedingt König
Auch private Termine und Gastfreundschaft sind kein Freibrief, vereinbarte Grenzen zu überschreiten. So müssen Sie z. B. die Verspätung eines Gastes nicht mit einem freundlichen Lächeln honorieren, wenn Ihnen nach Ärger zumute ist. Sie haben gekocht. Das Essen war zum vereinbarten Zeitpunkt genau richtig. So mancher Gastgeber könnte sogar noch in Versuchung kommen, sich bei den Verspäteten dafür zu entschuldigen, dass das Servierte nicht mehr ganz den Erwartungen entspricht.

Sprechen Sie Ihren Ärger über die Unpünktlichkeit des Besuchers an. Sonst haben Sie bereits für den nächsten Besuch dieses Gastes dessen Verspätung legitimiert.

Persönliche Sperrstunde
Sie sitzen im Lokal mit Ihren Freunden. Sie sind müde und möchten nach Hause gehen. Ihre Freunde versuchen, nun Ihre „Knöpfe" zu aktivieren, damit Sie dennoch länger bleiben:
- „Bleib – nur noch ein Achterl!"
- „Noch eine Zigarettenlänge!"
- „Du, wir gehen dann auch gleich!"
- „Du kannst doch jetzt nicht gehen! Die anderen bleiben auch noch!"
- „Sei doch kein Spielverderber! Jetzt, wo es so gemütlich ist!"

Gehen Sie, wenn Sie nicht länger bleiben möchten.
Oder: Vereinbaren Sie einen konkreten Zeitpunkt für Ihr Weggehen, mit dem Sie selbst einverstanden sind. Seien Sie dann aber konsequent.

On the road again
Ärgern Sie sich nicht länger im Straßenverkehr über jene Rüpel, die Ihnen den Vorrang wegnehmen. Verhindern Sie dies das nächste Mal gekonnt und erfolgreich.
Es geht mir nicht um den Aufruf, selbst zum Straßenrowdy zu werden. Es gibt jedoch immer wieder Gelegenheiten, sein Recht im Straßenverkehr durch entsprechende Fahrweise zu behaupten, ohne dabei einen Blechsalat heraufzubeschwören. So kann es beispielsweise sein, dass Sie in einer für Sie geeigneten Geschwindigkeit fahren, bei der Sie sich sicher fühlen. Lassen Sie sich nicht durch schnellere Fahrer unter Druck setzen. Ignorieren Sie die Lichthupe hinter Ihnen.

Mein Schreibtisch ist kein Abstellplatz
Ihr Kollege legt Ihnen ungefragt Unterlagen auf Ihren Schreibtisch. Legen Sie die Unterlagen ungelesen zur Seite oder lassen Sie diese wieder dem Absender zukommen.

Mein Schreibtisch ist auch kein Barhocker
Ihr Chef oder Kollege platziert sein Hinterteil für ein Gespräch

mit Ihnen auf Ihrem Schreibtisch. Sagen Sie klar, dass Sie das nicht möchten.

Der Situation angepasst
- bitten Sie ihn, auf einem Sessel Platz zu nehmen;
- bieten Sie ihm einen Sessel an oder bitten ihn, sich einen zu holen;
- schlagen Sie vor, das Gespräch an einem Tisch oder in einem Besprechungsraum zu führen.

Ziel soll das Erkennen Ihres Reviers für den anderen sein und nicht die Verärgerung des Gegenübers.

> WENN ICH MANCHMAL BEDENKE,
> WELCH RIESIGE KONSEQUENZEN
> KLEINE DINGE HABEN,
> BIN ICH VERSUCHT ZU GLAUBEN,
> DASS ES GAR KEINE
> KLEINEN DINGE GIBT.
> Bruce Barton

Sie haben Post
E-Mailing ist ein neues Einfallstor für Unmengen an Post, mit der Sie überhäuft werden können.
Lesen und bearbeiten Sie nur das,
- was Sie auch wirklich lesen möchten,
- was Sie mit Kollegen vereinbart haben.

Schicken Sie eine Mail postwendend retour,
- wenn Ihnen nicht klar ist, warum sie Sie betreffen soll;
- wenn der „Beipacktext" fehlt, was Sie mit dem Dokument im Anhang tun sollen.

Löschen Sie Mails,
- deren Absender Sie nicht kennen,

- die Sie nicht bestellt haben. Wenn es wichtig ist, meldet sich der Adressat ohnehin auf anderem Wege ein weiteres Mal. Dann können Sie sich die Mail immer noch zukommen lassen.

Meinen Sessel wärmt nur mein Hinterteil
Ihr Kollege sitzt ohne Ihre Erlaubnis auf Ihrem Sessel. Vertreiben Sie ihn.
Variante: Sie nehmen sich den Sessel Ihres Kollegen, wenn das die richtige pädagogische Wirkung hat; denken Sie an die Geschichte vom Hotelbesitzer und den Blumenstöcken.

> DAS IST MENSCHLICHE GRÖSSE:
> AUF EINEM SCHON LANGE
> GEGANGENEN WEG UMZUKEHREN.
> Peter Bloch

Wiedersehen macht Freude
Stellen Sie Entlehnungsgewohnheiten ab, bei denen sich Kollegen „kurz" was ausborgen. Sprechen Sie Ihren Ärger an. Entscheiden Sie selbst, wem Sie etwas borgen und bis wann Sie es zurückhaben wollen. Sprechen Sie Konsequenzen klar aus, sollten Entlehnfristen nicht eingehalten werden.

Schluss mit dem „Hereinschneien"
Ihre (Schwieger-)Eltern kommen in Ihr Schlafzimmer, ohne anzuklopfen. Dies ist öfter der Fall, als Sie glauben! Sprechen Sie diese Situation an und sagen Sie, dass Sie das zukünftig nicht mehr möchten.

Ihr Kollege taucht plötzlich in Ihrem Büro auf, ohne anzufragen. Er überhäuft Sie mit dem neuesten Klatsch oder einem Anliegen. Sagen Sie ihm, dass Sie das nicht wollen. Bitten Sie ihn, vorher anzuklopfen oder kurz anzurufen.

Ich selbst fühlte mich durch hereinkommende Kollegen aus meiner Konzentration gerissen. Außerdem waren mir diese Besuche unangenehm, wenn ich gerade eben ein wichtiges Telefonat führte, das zudem nicht für andere Ohren bestimmt war.

Derzeit nicht erreichbar
In einer Zeit der zunehmend zeit- und ortsunabhängigen Kommunikation und Arbeitsweise erscheint die ständige telefonische Erreichbarkeit fast als Norm. Gerade Menschen, die sich schwer tun, Zeit für sich zu nehmen, weil sie glauben, nur für andere da sein zu müssen, haben Mühe, der Erreichbarkeit eine Grenze zu setzen.

Seien Sie mutig. Jeder Mensch braucht Zeit, sei es zur persönlichen Erholung oder um eine Aufgabe konzentriert erledigen zu können.
- Schalten Sie den Anrufbeantworter ein.
- Stecken Sie das Telefon aus.
- Heben Sie den Hörer nicht ab.
- Leiten Sie Ihr Telefon zu diesen Zeiten um (Sekretariat, Mailbox).
- Verschieben Sie das Gespräch und legen Sie dafür einen Termin fest.

> WENN ICH KEINE GRENZEN SETZE, SETZT MEIN KÖRPER GRENZEN.

Zeit haben heißt NEIN sagen
Viele Menschen leiden unter notorischem Zeitmangel. Daran konnte bei den meisten die Anschaffung eines Zeitplanbuches wenig ändern. In meiner langjährigen Beschäftigung mit diesem Problem und in den Zeitmanagement-Seminaren habe ich dem

Gedanken des NEINsagens immer einen großen Stellenwert eingeräumt. So gilt es u. a. Arbeitsweisen, weniger wichtigen Dingen und durch bewusste Entscheidungen diversen Zeitfressern eine klare Grenze zu setzen.

Ich habe in meinem Buch „Zeit haben heißt NEIN sagen" versucht, meine wichtigsten Erkenntnisse zum Thema Zeitmanagement an Sie weiterzugeben.

Der Arbeitszeit ein Ende setzen
Gehen Sie bewusst einmal zum Ende Ihrer offiziellen Dienstzeit nach Hause.
Verwechseln Sie diesen Aufruf nicht mit einer „freizeitorientierten Schonhaltung".
Es gibt sehr viele Menschen, die sechs oder gar sieben Tage die Woche ständig über ihre Grenze gehen und noch spätabends im Büro erreichbar sind. Ständig haben die Grenzen der Arbeit ein größeres Recht als eigene private Grenzen und jene des Partners oder der Kinder!

Für solche Menschen ist es notwendig, hier bewusst Grenzen zu setzen.

Während der Entstehung des Manuskripts hatte ich eine gute Bekannte gebeten, mir die vorläufigen Seiten zu diesem Buch Korrektur zu lesen. Ihre Beschäftigung mit dem Grenzen-Thema hatte zur Folge, dass Sie seither nicht mehr um halb acht Uhr abends, sondern spätestens um sechs Uhr das Büro verlässt.

Der Geschäftsführer eines Bauunternehmens hat sich dazu entschlossen, jeden Donnerstag terminfrei zu halten. Er wusste genau, dass es ihm nicht gelingen wird, alle vier Donnerstage im Monat frei zu halten. Wenn ihm dies jedoch für zwei Donnerstage gelingen würde, hätte seine persönliche Vereinbarung genügend Freiraum gebracht.

Dem Gerede ein Ende setzen
Vielleicht kennen Sie das:
Sie sitzen im Lokal mit Freunden. Das Gespräch empfinden Sie als oberflächlich und für Sie uninteressant. Hören Sie nicht mehr länger zu, und wandern Sie nicht geistig in andere Welten, sondern
- sagen Sie, dass sie das Gespräch nicht interessiert;
- gehen Sie.

Sie besuchen einen Vortrag. Der Inhalt geht für Sie am Thema oder zumindest an Ihren Erwartungen vorbei. Sie stellen sich insgeheim die Frage, warum Sie hier noch länger sitzen sollen. Erleiden Sie nicht eine Zeit des Absitzens bis zum Ende, sondern
- stellen Sie sich die Frage, wie das bisher Gesagte mit dem eigentlichen Thema des Abends in Zusammenhang steht;
- fragen Sie den Referenten nach jenen Themen, die Ihnen wichtig sind, bzw. wann er darauf zu sprechen kommt;
- gehen Sie gleich oder in der nächsten Pause.

Sie sind Teilnehmer an einer Sitzung. Sie sind verärgert, weil das Hauptthema schlecht oder gar nicht aufbereitet worden ist. Aus der Einladung ist nicht klar gewesen, was das Ziel der Besprechung sein soll. Zudem hatten Sie keine Unterlagen zur Vorbereitung auf diesen Tagesordnungspunkt erhalten. Sie haben ohnehin einen engen Zeitrahmen und müssen sich Ihre Termine gut einteilen.
- Formulieren Sie Ihren Ärger sofort und deutlich.
- Fordern Sie, dass das Gespräch über diesen Punkt hier beendet und für die nächste Besprechung besser aufbereitet wird.
- Verlassen Sie die Sitzung.

Sich selbst Grenzen setzen
Es müssen nicht immer andere sein, die mich zum Setzen von Grenzen zwingen oder herausfordern. Mir selbst Grenzen zu setzen bedeutet, Verantwortung für mich und mein Leben zu übernehmen.

- Sich beim Essen Grenzen setzen:
  Voraussetzung dafür ist die Kenntnis meines *Sättigungspunktes*. Die derzeitige Kultur des „All you can eat" um einen bestimmten Pauschalpreis im Restaurant oder am Urlaubsort lässt mich den Sättigungspunkt schnell übergehen. Ich spüre nicht mehr, wann mir mein Magen anzeigt, dass ich satt bin, weil ich für das Bezahlte essen möchte, bis es *wirklich* nicht mehr geht.
- Es ist nicht nur beim Essen notwendig, dass ich meinen Sättigungspunkt kenne, sondern auch in anderen Zusammenhängen.

Die zentrale Frage, die ich mir beantworten muss, lautet:
Wann ist es genug?
  - Wann habe ich genug Einkommen?
  - Wann habe ich genug gearbeitet?
  - Wann habe ich genug gelernt? ...

- „Genug" für Workaholics:
  Erklären Sie für sich den Sonntag zum wichtigsten Tag der Woche: zum Tag *Ihres* Ausruhens, *Ihrer* Erholung, *Ihrer* Freunde und *Ihrer* Familie.
  Die christliche Tradition des Sonntags hat ihre Wurzeln im alttestamentlichen Gebot des Sabbats: Der siebte Tag ist hier der wichtigste Tag der Woche.
  In der Bibel heißt es: „Und er ruhte am siebten Tag, nachdem er sein ganzes Werk vollbracht hatte. Und Gott segnete den siebten Tag und erklärte ihn für heilig, denn an ihm ruhte Gott (Genesis 2, 2b–3a). *Der Sabbat gehört Gott und dem Menschen. Er gehört der Freude am bloßen Dasein, am Leben und der Erholung von Mensch und Natur.* In diesem Verständnis bekommen Arbeit, Geld, Gewinn und Leistung den Stellenwert des *Vorletzten*. Werden Sie sich selbst wieder wichtiger als die Arbeit!

- Einmal im Monat in das Dampfbad oder die Sauna:
  Einen Freund und gestressten Finanzmanager habe ich gebeten, ein paar Seiten dieses Buches, die damals erst im Entwurfsstadium vorlagen, durchzulesen. Die Folge war, dass

er daraufhin beschloss, einmal monatlich ein Wellness-Bad zu besuchen und diesen Tag voll zu genießen. Er tut das bis heute.
- Ich verlasse wenigstens zweimal die Woche um 17 Uhr das Büro, um mich danach mit Freunden zu treffen. Einen Termin plane ich fix in der Vorwoche. Den anderen halte ich offen.
- Legen Sie sich Unter- und Obergrenzen fest, um einerseits ein „Genug" für sich zu definieren und andererseits einen Spielraum zu haben, der in der Praxis realistisch und daher umsetzbar ist.

Laufen: Ich laufe mindestens 3-mal, jedoch höchstens 5-mal pro Woche, weil mir sonst zu viel an Zeit für andere Interessen verloren geht.
Arbeit: 4 Überstunden pro Woche sind okay. Maximal dürfen es 8 werden.
Essen: Ich lege mir eine Unter- und Obergrenze bei den Kalorien fest, die ich täglich zu mir nehme.
Partnerschaft: Ich selbst habe mir als Untergrenze festgelegt, dass ich mindestens 70 Tage im Jahr mit meiner Frau verbringen möchte. Meine Frau hatte diesbezüglich wesentlich mehr Tage als Untergrenze erwartet. Wir einigten uns auf eine für uns beide akzeptable Bandbreite.

> OHNE DEN MUT,
> DIE KÜSTE AUS DEN
> AUGEN ZU VERLIEREN,
> WERDEN KEINE NEUEN
> WELTEN ENTDECKT.
>
> André Gide

Vielleicht ist für Sie das eine oder andere Alltagsthema dabei, an dem Sie sich in nächster Zeit versuchen möchten.

Bekanntlich ist der wesentliche Unterschied zwischen Wunsch und Wirklichkeit ein konkreter Umsetzungstermin. In diesem Fall ist es die nächste Gelegenheit, die sich anbietet. Beim Thema Grenzen ist das praktisch jeder Tag – heute z. B.
Sollte Ihnen mancher Versuch nicht auf Anhieb gelingen, so ist das nicht weiter schlimm. Betrachten Sie solche Versuche als persönliche Ehrenrunden, die Sie sich gegönnt haben. Das Entscheidende ist, ein Gefühl für Ihre Grenzen zu entwickeln.

5 Partnerschaft, Familie und Grenzen

5.1 Meine Fähigkeit zu JA/NEIN ist ein Gradmesser für meine Beziehungsfähigkeit

Der Umgang mit Ihren Grenzen sagt viel über Ihren Grad an Beziehungsfähigkeit gegenüber anderen Personen aus.
Die Beziehungsfähigkeit eines Menschen beginnt nicht bei der Fähigkeit zur Nähe, sondern bei seiner Fähigkeit zur Distanz. Nur aus der Distanz heraus sind ein Annähern und echte Nähe möglich.
Erst wenn Sie um Ihre Grenzen wissen (Was will ich? Was nicht? Was lasse ich zu? Was möchte ich nicht?), wenn Sie Ihre Bedürfnisse ansprechen und schützen können, sind Sie fähig, gemeinsame Grenzvereinbarungen zu treffen. Erst aus Ihrem Revier heraus ist es Ihnen möglich, sich einerseits gegenüber anderen zu öffnen, Menschen zu sich einzuladen und sich andererseits vor ungewollter Vereinnahmung oder bereits geschehener Grenzverletzung zu schützen (Nähe = JA – ich lasse dich bei mir ein, Distanz = NEIN – da ist die Grenze!).
Menschen, die gelernt haben, mit ihrem eigenen Revier gut umzugehen, haben sich von der Angst befreit, ständig nach möglichen Eindringlingen Ausschau zu halten.
Solche Menschen haben die Fähigkeit, das Ich wahrzunehmen und zugleich für das Gegenüber offen zu sein.
Vor allem jene, die mit viel Mühe ein Gespür für eigene Grenzen entwickelt und im Laufe der Jahre gelernt haben, sich ein Recht auf eigene Grenzen zu erlauben, gehen mit den Grenzen, den Nähe- und Distanzbedürfnissen anderer Menschen sensibler um. Sie wissen, wie belastend Grenzverletzungen sein können.

Ich möchte Ihnen noch einen Text der Begründerin der Familientherapie, Virginia Satir, mitgeben. Ich habe sie über meinen

Freund und mir wichtigen Lebensbegleiter, Alois Saurugg, kennen und schätzen gelernt.
Diese Zeilen sagen aus, welche innere Haltung es ermöglicht, Nähe und Distanz in Einklang zu bringen und die Grenzen anderer Menschen zu achten:

WIE ICH DIR BEGEGNEN MÖCHTE

ICH MÖCHTE DICH LIEBEN,
OHNE DICH ZU UMKLAMMERN;
DICH WERTSCHÄTZEN,
OHNE DICH ZU BEWERTEN;
DICH ERNST NEHMEN,
OHNE DICH AUF ETWAS FESTZULEGEN;
ZU DIR KOMMEN,
OHNE MICH DIR AUFZUDRÄNGEN;
DICH EINLADEN, OHNE FORDERUNGEN
AN DICH ZU STELLEN;
DIR ETWAS SCHENKEN, OHNE
ERWARTUNGEN DARAN ZU KNÜPFEN;
VON DIR ABSCHIED NEHMEN,
OHNE WESENTLICHES VERSÄUMT
ZU HABEN;
DIR MEINE GEFÜHLE MITTEILEN,
OHNE DICH FÜR SIE VERANTWORTLICH
ZU MACHEN;
DICH INFORMIEREN,
OHNE DICH ZU BELEHREN;

> DIR HELFEN,
> OHNE DICH ZU VERLETZEN;
> MICH UM DICH KÜMMERN,
> OHNE DICH ÄNDERN ZU WOLLEN;
> MICH AN DIR ERFREUEN,
> SO WIE DU BIST.
> WENN ICH VON DIR DAS GLEICHE
> BEKOMMEN KANN,
> DANN KÖNNEN WIR UNS
> WIRKLICH BEGEGNEN
> UND UNS GEGENSEITIG BEREICHERN.
> VIRGINIA SATIR

5.2 Grenzen in der Partnerschaft sind notwendig

> ICH KANN NUR DANN
> EIN OFFENES HERZ HABEN,
> WENN ICH ES AUCH
> SCHÜTZEN KANN.

Aus der Distanz zur Nähe

Viele Beispiele zum Grenzensetzen in der Partnerschaft sind auf den vorausgegangenen Seiten bereits geschildert worden. Das zentrale Grundthema dahinter ist die Frage von Distanz und Nähe. Auf ihr beruht wesentlich das Miteinander in der Partnerschaft – wobei die Reihenfolge hier von mir bewusst gewählt ist.

Nur wer sich distanzieren und abgrenzen kann, kann auch dem Partner wirklich nahe kommen:

> *Von der Ehe*
>
> Und wieder ergriff Almitra das Wort und sprach: „Und wie ist es um die Ehe, Meister?"
> Und er antwortete also:
> „Vereint seid ihr geboren und vereint sollt ihr bleiben immerdar. (...)
> Doch lasset Raum *zwischen* eurem Beieinandersein
> und lasset Wind und Himmel tanzen *zwischen* euch.
> Liebt einander, doch macht die Liebe nicht zur Fessel:
> Schaffet eher daraus ein webendes Meer zwischen den Ufern eurer Seelen.
> Füllet einander den Kelch, doch trinket nicht aus *einem* Kelche.
> Gebet einander von eurem Brote, doch esset nicht vom *gleichen* Laibe.
> Singet und tanzet zusammen und seid fröhlich,
> doch lasset jeden von euch *allein* sein.
> Gleich wie die Saiten einer Laute allein sind,
> erbeben sie auch von derselben Musik.
> Gebet einander eure Herzen, doch nicht in des anderen Verwahr.
> Denn nur die Hand des Lebens vermag eure Herzen zu fassen.
> Und steht beieinander, doch nicht *zu nahe* beieinander:
> Denn die Säulen des Tempels stehen einzeln.
> Und Eichbaum und Zypresse wachsen nicht im gegenseitigen Schatten."
>
> *Aus: Khalil Gibran: „Der Prophet"*

Im Praktischen heißt das, dass jeder der Partner Zeiten und Räume hat, die er für sich beanspruchen kann; z. B. einen Abend in der Woche für mich allein oder Beziehungen, die ich unabhängig von meinem Partner habe und pflege.

Ein Revier, das ich allein für mich beanspruchen kann
Im Wohnbereich bedeutet das z. B., dass es gut ist, wenn jeder seinen eigenen Raum hat. Ist der Wohnbereich dafür zu klein, sollte es zumindest einen Bereich geben, den jeder als *sein* Revier beanspruchen kann: eine Kommode, einen Kasten, einen Arbeitstisch oder den Sessel am Esstisch.
Wenn ich z. B. bei einer anderen Familie zu Besuch bin, frage ich jedes Mal, ob es eine Sitzordnung gibt oder wo der Herr oder die Dame des Hauses fixe Sitzplätze haben. Damit achte ich die jeweiligen Reviere.
Die Küche in unserer gemeinsamen Wohnung ist das Revier meiner Frau.
Ich habe lange dazu gebraucht, bis ich das wahrgenommen habe. Ich dachte immer, das sei ein *gemeinsamer* Bereich, in dem auch ich schalten und walten könne, wenn ich mir etwas kochen möchte – auch wenn das selten der Fall ist.
Wenn ich in der Küche arbeite, habe ich daher die bestehende Ordnung und die Regeln in diesem Bereich zu respektieren. Das heißt z. B., dass ich das Geschirr wieder dort hinstelle, wo ich es hergenommen habe, oder dass ich schmutziges Geschirr in die Spülmaschine gebe und nicht herumstehen lasse. Es wäre ebenso unangebracht, mich meiner Frau gegenüber dahin gehend zu äußern, dass für mich Kaffeetassen oder Teller in völlig falschen Fächern eingeräumt sind.
Es ist *ihr* Revier.

Umgekehrt gilt dasselbe für meinen Handwerksraum bzw. mein Arbeitszimmer.
Ich lege großen Wert darauf, dass ich die Unterlagen auf meinem Schreibtisch wieder so vorfinde, wie ich sie hingelegt habe. Wenn sich jemand an meinem PC betätigt, möchte ich vorher

gefragt werden. Ausgeborgtes Werkzeug oder Schreibmaterial ist nach Benützung an seinen Platz zurückzubringen.

Das Wohnzimmer ist in vielen Familien ein gemeinsames Revier. Meist sind es auch der Eingangsbereich, die Toilette, das Bad, der Balkon, die Terrasse, der Garten etc. Manchmal wird es aus gegebenem Anlass notwendig sein, eine Familienkonferenz einzuberufen, um Chaos in gemeinsamen Revieren zu stoppen und durch Vereinbarung von Regeln zu reduzieren. Hier ein paar typische Beispiele für Orte und Gelegenheiten, in denen „Streuordnung" und individuelle Gewohnheiten Einzelner Ärger bei Mitbewohnern verursachen können:

- Schmutzwäsche lässt sich im Schlaf- und Wohnzimmer wieder finden, die offenbar den Weg bis zur Waschmaschine oder zu der dafür vorgesehenen Truhe nicht mehr geschafft hat.
- Die Schuhe liegen bunt gemischt im Vorraum herum. Manchen Schuhen ist auch anzusehen, wo sie gewesen sind: im Garten, auf der Baustelle oder auf dem Feld.
- Die Spielsachen verteilen sich im Laufe des Tages in der gesamten Wohnung, und sie bleiben auch dort, wenn die Mutter nicht zusammenräumt.
- Haare und Reste von Zahnpaste werden im Waschbecken zurückgelassen.
- Männer lassen nach ihrem „kleinen Geschäft" die Klobrille hochgeklappt.
- Einige der Familie kommen pünktlich zum Essen, andere gerne etwas später. Die einen wollen, dass alle sitzen bleiben, bis jeder mit dem Essen fertig ist. Andere wollen, dass das jeder so halten kann, wie er möchte.

Kinder sind „Untermieter"
Ein Sonderfall ist die Behandlung von Revieren von Kindern durch die Eltern.
Hier gelten andere Gesetze.
Das gesamte Haus bzw. die gesamte Wohnung sind Eigentum und in der Verfügungsgewalt der Eltern, d. h. sie stellen den

Kindern Wohnräume „leihweise" zur Verfügung – wie bei einem Mietvertrag.
Die Kinder dürfen daher Änderungen im Kinderzimmer nur mit Erlaubnis der Eltern, der Vermieter, durchführen.
Als unser Sohn Marco 21 Jahre alt geworden war, hatten meine Frau und ich das Gefühl, dass der Gratis-Mietvertrag für unseren Ältesten im „Hotel Mama" bald auslaufen müsse. Wir hatten daher Folgendes beschlossen: Der Mietvertrag läuft ab, sobald Marco voll berufstätig ist und über ein entsprechendes Einkommen verfügt. Dann müssen die Mietbedingungen neu geregelt werden. Stellen wir als Eltern den Mietraum weiterhin zur Verfügung, wird aus der kostenfreien Unterkunft ein kostenpflichtiges Mietverhältnis. Das Mietverhältnis, die Kosten und die Mietbedingungen werden für eine bestimmte Zeit festgelegt.

Männer, Frauen und die Macht der Traditionen
Prinzipiell gibt es zwischen Männern und Frauen, was das Revierverhalten betrifft, keine wesentlichen Unterschiede.
In der Praxis findet man mehr Unterschiede, die aus verschiedenen Systemen resultieren, aus denen die jeweiligen Partner kommen.

Frühschoppen

Mein Schwager ging jeden Sonntag um 10 Uhr vormittags zum Frühschoppen.

Auf die Frage seiner Frau, wann er zum Mittagessen nach Hause komme, sagte er immer: „12 Uhr." Der Rest der Familie wusste, dass es wiederum 12.30 oder 13 Uhr werden würde – und manchmal auch später. Ich fragte ihn, warum er immer 12 Uhr sage, obwohl er selber wisse, dass er die Uhrzeit nie einhalte. Ich konnte mich zumindest an keinen Fall erinnern. Seine

Antwort war: „Ich will nicht im Streit zum Frühschoppen gehen."

Auch meine Schwägerin fragte ich, warum sie mit dem Kochen jeden Sonntag um 12 Uhr fertig sei, obwohl auch sie wisse, dass ihr Mann viel später nach Hause käme. Ihre Antwort: „Er könnte ja um 12 Uhr kommen, weil wir es so vereinbart haben."

Die Ursache für das unterschiedliche Verhalten liegt in den Familiensystemen. Sie stammt aus einer Familie, in der um 12 Uhr mittags gegessen wurde. Wer nicht pünktlich anwesend war, musste selbst dafür sorgen, dass er zu etwas „Genießbarem" kam.
Er entstammt einem Familiensystem, in dem gegessen wurde, wenn die Männer – der Vater und die vier Söhne – vom Stammtisch nach Hause kamen.

Jeder der beiden Partner empfindet sein Verhalten als das richtige. Erst im Dialog werden die Hintergründe des unterschiedlichen Verhaltens sichtbar. Erst dann kann eine neue, für beide verbindliche Grenze gezogen und eine Vereinbarung getroffen werden.

Nachdem dieser Unterschied im Familiensystem klar auf dem Tisch gelegen war, konnten mein Schwager und seine Frau ihr Verhalten ändern:

Sie ist nach wie vor mit dem Kochen um 12 Uhr fertig. Sie stellt ihm aber das Essen im Herd warm.
Er kommt gut gelaunt, ohne schlechtes Gewissen und Streit, zu seinem Mittagessen.
Sie spart sich jede Menge Ärger und genießt den Sonntagnachmittag.

5.3 Männliches und weibliches Verhalten bei Grenzverletzungen

John Gray, ein amerikanischer Therapeut, hat sich in seinem Buch „Männer sind anders, Frauen auch" u. a. mit den unterschiedlichen Reaktionen auf Grenzverletzungen auseinander gesetzt.

Sich in die Höhle zurückziehen
Nach erfolgter Verletzung zieht sich der Mann in seine Höhle zurück (er schweigt, geht ins Büro etc.), und dort verbleibt er so lange, bis die Wunde verheilt ist.

Die offene Wunde zeigen
Frauen hingegen haben den Wunsch, ihre Verletzung umgehend offen zu legen (Ansprechen der Verletzung, Weinen usw.). Sie haben das Bedürfnis, die Situation sofort zu klären. Anderenfalls gehen sie gleich zum Angriff über.

Für das eine wie das andere Geschlecht ist es im Alltag oft schwierig, mit diesem unterschiedlichen Verhalten des Partners umgehen zu können:
Der Mann zieht sich aufgrund eines Streits in seine Höhle zurück. Die Frau jedoch möchte mit ihm jetzt darüber reden. Nachdem er sich verkriecht, geht sie ihm nach. Die Folge ist, dass sich der Mann noch mehr einigelt und länger als vielleicht ursprünglich beabsichtigt in seiner Höhle einnistet.

Der Teufelskreis geht weiter:
Die Frau wartet inzwischen ungeduldig vor der Höhle des Mannes. Als dieser endlich herauskommt – er wäre nun gesprächsbereit –, bestraft sie ihn mit dem Vorwurf, dass er sich so lange zurückgezogen hat.

Die Wahrscheinlichkeit ist groß, dass der Mann eine Kehrtwendung macht und wieder seine Höhle aufsucht.

Wenn auch der Rückzug in die Höhle eher bei Männern und das Zeigen der offenen Wunde eher bei Frauen anzutreffen ist, so kann es durchaus sein, dass Männer bzw. Frauen bei einer Verletzung gegenteilig reagieren.

Eine Anregung für Menschen mit „männlichem" Verhalten
- „NEIN, im Moment möchte ich nicht."
Signalisieren Sie Ihrem Partner deutlich Ihr momentanes Bedürfnis nach Rückzug.
- „JA, wenn ich so weit bin."
Teilen Sie Ihrem Partner mit, dass Sie sich bei ihm melden, wenn Sie wieder aus der Höhle zurück sind und über die Verletzung sprechen können.
- Wenn Sie das JA einhalten:
Ihr Partner wird nicht mehr ungeduldig warten und jede sich nur bietende Gelegenheit zum Ansprechen des Problems nützen. Er kann sich sicher sein, dass es zum Gespräch kommen wird, wenn Sie dazu bereit sind.

Eine Anregung für Menschen mit „weiblichem" Verhalten
- Wenn Sie einen Partner mit „männlichem" Verhalten haben: Überfordern Sie ihn nicht mit Ihrem Redebedürfnis. Alles auf einmal könnte bewirken, dass viel von dem, was Ihnen wichtig ist, nicht aufgenommen wird.
- Verteilen Sie unter Umständen Ihr Redebedürfnis auf Menschen, die Ihnen gerne zuhören und Ihr Vertrauen genießen. Dadurch können Sie sich Klarheit darüber verschaffen, welche wesentlichen Punkte Sie in einem weiteren Gespräch mit Ihrem Partner noch ansprechen möchten.

6 Grenzen setzen im Betrieb

Wir haben schon in mehrfacher Hinsicht von Revieren im Betrieb gesprochen, von Grenzverletzungen zwischen Chef und Mitarbeiter, vom Verteidigen des eigenen Reviers im Arbeitsbereich bis hin zu den kleinen praktischen Übungen des Grenzensetzens gegenüber Kollegen und Vorgesetzten.

Ich möchte das Gesagte durch ein paar Aspekte ergänzen, die im beruflichen Alltag täglich eine wichtige Rolle spielen, wenn es um Grenzen geht.

6.1 Ordnungen in Unternehmen

Die Hierarchie in Unternehmen

In jedem Unternehmen bzw. System gibt es eine klare innere Ordnung. Eine Ordnung wird durch die Hierarchie festgelegt.

Grundsätzlich heißt das:
- Vorgesetzte haben einen höheren Rang als Mitarbeiter.
- Eigentümer haben den höchsten Rang.

Innerhalb der Mitarbeiter gleicher Hierarchiestufe gibt es ebenfalls eine Rangordnung:
- Derjenige, der länger im Betrieb beschäftigt ist, genießt einen höheren Rang als ein neuer Mitarbeiter.
- Derjenige Mitarbeiter, der mehr zur Sicherung der Zukunft des Unternehmens beiträgt, genießt ebenfalls einen höheren Rang. Z. B. sind Mitarbeiter mit hohem Innovations- und Problemlösungspotenzial ranghöher als Mitarbeiter mit einfachen Aufgaben.
- Die dritte und niedrigste Rangordnung leitet sich von der fachlichen Qualifikation und Erfahrung eines Mitarbeiters ab.

Eine weitere Ordnung ist die Hierarchie der Entscheidungskompetenz (Vorgesetzte) und der Fachkompetenz (Experten):
- Wenn es um fachliche Fragen geht, haben Vorgesetzte zuerst die Experten zu hören. Diese liefern die Grundlagen für spätere Entscheidungen:
  - in speziellen Fachfragen, z. B. für ein bestimmtes Produkt;
  - in Fragen des Marketings und firmenpolitischer Überlegungen;
  - hinsichtlich vorhandener Ressourcen;
  - in Bezug auf die Mitarbeiter etc.
- Wenn es um Entscheidungen geht, haben sich die Experten den Entscheidungsträgern unterzuordnen. Diese haben aus der Summe von Einzelaspekten eine Entscheidung zu treffen und zu verantworten.

6.2 Aufgaben in Reviere aufteilen

Aufgaben müssen eindeutig verteilt sein

Ich möchte Ihnen in diesem Zusammenhang einen Vergleich aus der Landwirtschaft anbieten. Denken Sie an die verschiedenen Felder, die ein Bauer zu bestellen hat.
Das eine Feld ist für den Weizen, das andere für den Mais und ein weiteres ist Weideland für die Rinder usw.
Sie kennen vielleicht das Bild, das sich vom Flugzeug aus bietet, wenn man die Felder von oben betrachtet. Sie sind klar umgrenzt.
Sie kennen vielleicht auch das Problem, wenn es z. B. zwischen Nachbarn zum Streit um die richtige Position des Marksteins kommt, weil offenbar die Grenzen *nicht* klar sind.

So ist es auch im Betrieb von wesentlicher Bedeutung, dass die Aufgabenfelder eindeutig zugeordnet sind. Der eine ist für den Einkauf zuständig, der andere für den Verkauf, ein weiterer für die Buchhaltung und wieder ein anderer für die Produktion usw.

Die verteilten Aufgaben in Zuständigkeitsrevieren:

A	B	C	D
E	F	G	H

Wenn die Aufgaben in einem Betrieb in klare Zuständigkeitsreviere aufgeteilt sind, gibt es eine wichtige Grundvoraussetzung für ein friedliches Miteinander der jeweiligen Verantwortlichen für die einzelnen Bereiche.
Keiner regiert dem anderen in sein Revier hinein.
Mit einer Einschränkung:
Jener, der zuständig ist für das Gesamte, der Chef des Betriebs, ist verantwortlich dafür, dass diese Grenzen eingehalten werden.

Revierüberschreitende Aufgabenfelder
Es gibt Aufgabenbereiche, die einzelne Reviere/Abteilungen überschreiten.
Bei diesen Aufgaben muss man darauf achten, dass sie sehr genau definiert werden.

Aufgabenfelder, die Einzelreviere überschreiten:

A	B	C	D
E	F	G	H

Diese Aufgabenfelder müssen *noch* genauer definiert werden als die klassischen Aufgabenfelder. Aus folgendem Grund:

- Wenn es sich um eine sehr attraktive Aufgabe handelt, die für jede Abteilung lohnenswert oder prestigeträchtig ist, stürzen sich alle aus den Abteilungen darauf (hier in der Zeichnung die Abteilungen A, B, E, F). Das hat unter Umständen zur Folge, dass solche Aufgaben mehrfach durchgeführt und damit Ressourcen vergeudet werden.
- Wenn es sich um Aufgaben handelt, die zwar notwendig, aber unattraktiv sind, möchte sich dieser Aufgaben niemand annehmen. Sie werden dann an andere delegiert. A: „Ich habe gedacht, B kümmert sich darum."
Es wird der Ball hin- und hergespielt. Keiner möchte dafür zuständig sein.

Daher ist es bei übergreifenden Aufgaben unerlässlich, Zuständigkeitsregeln dafür festzulegen:
Welche Abteilung ist als erste zuständig, welche als zweite, als dritte und als vierte. Damit ist jede Möglichkeit verhindert, seine Verantwortung an andere abzuwälzen.

Zuständigkeiten klar festlegen:

A	B	C	D
	1 | 2		
	4 | 3		
E	F	G	H

Auf Grenzen zwischen Abteilungen achten

Der Chef hat – wie erwähnt – die Aufgabe, Grenzen untereinander festzulegen. Er hat das Recht, in alle Bereiche einzugreifen.
Was der Chef als Gesamtverantwortlicher darf, ist Teilverantwortlichen untereinander nicht erlaubt. Ein solches Vorgehen unter Teilverantwortlichen wäre eine klare *Grenzverletzung*.
So hat der Bereichsverantwortliche für A nicht das Recht, sich

in das Revier von C einzumischen. Es ist wie unter gleichwertigen Gartenbesitzern. A hat nicht das Recht, zu C zu sagen: „Du hast in deinem Garten einen Baum auszugraben und zudem deine Gartenhütte zu entfernen!"

In der Praxis geschieht das sehr oft. So weist z. B. die Marketingabteilung die EDV-Abteilung an, was sie besser zu tun oder zu lassen hätte.

Was noch oft passiert, ist, dass z. B. die Abteilung B ihre Aufgaben nicht ordnungsgemäß erledigt. Da jedoch die Abteilung C darauf angewiesen ist, führt sie diese notwendigen Aufgaben nun selbst durch, weil sie sonst mit den Arbeiten von B nichts anfangen kann. Damit wandert automatisch ein Stück des Reviers in einen anderen Bereich, in diesem Fall nach C.

Abteilung C übernimmt eine Aufgabe von Abteilung B:

A	B	C	D
E	F	G	H

Für das Miteinander einzelner Abteilungen ist daher Folgendes wichtig:

- Grenzen inhaltlicher Art sind meist durch die einzelnen Bereiche vordefiniert. Generelle Regelungen, Aufgaben- und Stellenbeschreibungen sind Chefsache. Sie liegen außerhalb der Kompetenz von Teilbereichen:
  Was sind Aufgaben von Abteilungsleitern, Sachbearbeitern? Wie sind Gehälter geregelt (Einstufung, Vorrückung, Sonderprämien)? Welche Regelungen bestehen bezüglich der Aufstiegsmöglichkeiten im Betrieb? ... Details von Jobbeschreibungen liegen in der Verantwortung der jeweiligen Bereiche.

- Bei Grenzverletzungen durch eine andere Abteilung ist sofort zu reagieren: „STOPP! Das liegt in unserem Bereich und in unserer Entscheidungskompetenz!"
- Bei Grenzüberschreitungen: Praktisch wird es immer wieder vorkommen, dass eine Abteilung die Arbeit einer anderen Abteilung ein Stück weit abfedert und kurzfristig einspringt, wenn z. B. eine Abteilung aufgrund von Überlastung einen Engpass zu bewältigen hat und das Personal fehlt. Jedoch darf langfristig so eine Situation nicht aufrechterhalten werden. Dies wäre nach oben, also dem Chef, zu melden. Er hat die Aufgabe der Entscheidung auf übergeordneter Ebene und das Recht auf Grenzüberschreitung gegenüber den Abteilungen.

Wenn Abteilungen untereinander versuchen, das Problem zu lösen, ist die Gefahr der Grenzverletzung sehr hoch und damit die Gefahr eines Kleinkrieges gegeben.

Grenzen unterschiedlichster Art sind innerhalb der Abteilung und am Arbeitsplatz unter den Kollegen auszuhandeln.

Hier einige Beispiele von Grenzen, die neben der grundsätzlichen Klarheit von Aufgaben wichtig sind. Sie sind oft der berühmte feine Sand im Abteilungsgetriebe, wenn sie nicht geklärt sind.

- Gibt es Regeln für die Benutzung gemeinsamer Räume und Arbeitsflächen?
- Ist das Rauchen erlaubt?
- Was darf wem und wohin auf den Schreibtisch gelegt werden?
- Sind Kollegengespräche in Büros erlaubt, wo andere konzentriert arbeiten müssen?
- Wie laut dürfen die Einzelnen in einem Büro mit mehreren Arbeitsplätzen telefonieren?
- Wie ist das private Telefonieren am Arbeitsplatz geregelt?
- Dürfen Computer und Telefon auch von Kollegen benützt werden?

- Wer hat welche Zugriffsrechte auf Ordner, auf Ablagen im Archiv oder die Datenbanken am Server?
- Ist anzuklopfen, wenn man das Büro eines Kollegen betritt?
- Wie ist das Benutzen und Reservieren von Besprechungsräumen geregelt?
- Ist Musikhören im Büro erlaubt? Wie ist das in Räumen mit mehreren Arbeitsplätzen? Wie laut und welcher Sender?
- Wie ist es mit der Geruchsbelästigung am Arbeitsplatz (Schweiß, Düfte ...)?

Ist das in unserem Betrieb eine zu persönliche Frage oder eine unsichtbare Grenzverletzung? Darf oder muss man einen Kollegen darauf aufmerksam machen?

6.3 Aspekte und Empfehlungen für Führungskräfte

Der Chef darf durchgreifen

Der Besitzer des Betriebs bzw. der Gesamtverantwortliche hat stets das Recht, in alle diese Felder zu gehen. Es handelt sich dabei um eine legitime Grenzüberschreitung und um keine Grenzverletzung. Er tut jedoch gut daran, den jeweiligen Verantwortlichen um Erlaubnis zu fragen.
So wie z. B. der Besitzer einer Mietwohnung das Recht hat, die Mietwohnung zu betreten. Er wird es ankündigen und um Erlaubnis für den Eintritt bitten. Aber er hat das Recht dazu.

Auch der Chef hat das Recht, sich überall einzumischen. Es ist jedoch empfehlenswert, wenn er es nicht immer tut.

Der Chef übergibt Mitarbeitern einen Teil seiner Macht und Verantwortung – unter klar definierten Bedingungen und auf Zeit
Am besten verdeutlicht folgende Geschichte eines Vaters mit seinem Sohn, worum es bei der Macht- und Revierkompetenz zwischen Chef und Mitarbeiter geht:

Der Garten des Vaters

Der Vater spricht dem Sohn einen Teil des Gartens zu: „Lieber Sohn, für mich allein ist der Garten viel zu groß. Dieser eine Teil, der gehört nun dir."
Der Sohn bedankt sich, er plant und überlegt, wie er diesen Garten gestalten könnte. Er möchte einen Teich anlegen und organisiert einen Bagger, der ihm ein entsprechendes Loch im Garten aushebt. Als der Vater diesen Bagger in „seinem" Garten stehen sieht, rastet er aus.

Es handelt sich hier um ein Missverständnis. Der Vater verstand unter seinem Angebot ein bestimmtes Nutzungs- bzw. Verfügungsrecht, jedoch keine Besitzübertragung. Diese würde nur durch einen notariellen Akt (Besitzurkunde) besiegelt. Die Nutzung des Gartenteils durch den Sohn ist ähnlich zu verstehen wie bei einem Mietobjekt. Der Mieter darf nur unter Zustimmung des Vermieters am Mietobjekt etwas verändern. Er kann nicht so tun, als wäre das Gemietete in seinem Besitz. Seine Rechte und seine Macht sind beschränkt und an die vertraglichen Regelungen des Vermieters rückgebunden.

> IM EIGENEN REVIER DARFST DU KÖNIG SEIN.
> IN EINEM FREMDEN REVIER BIST DU BITTSTELLER
> ODER VERANTWORTLICHER FÜR DAS, WAS MAN DIR ANVERTRAUT HAT.

Angewendet auf die betriebliche Praxis bedeutet das:

- Der Eigentümer des Betriebs (Chef, Aktionäre) kann über den gesamten Garten verfügen, d. h. auch über die Arbeitsfelder/Abteilungen der Mitarbeiter. Die Mitarbeiter ihrerseits dürfen nur unter Genehmigung des Eigentümers in ihrem Aufgabengebiet agieren und etwas verändern.
- Das Revier des Besitzers/Chefs erstreckt sich über den gesamten Garten, d. h. über alle Bereiche. Das Revier und die Macht des Mitarbeiters beschränken sich auf den ihm zugeordneten Bereich.
- Der Chef delegiert seine Macht für abgesteckte Bereiche an Mitarbeiter, d. h. an Teilverantwortliche. Diese Macht ist eine geliehene. Sie stellt keinen Freibrief für das freie Agieren von Teilverantwortlichen dar!

Das Revier des Besitzers/Chefs und die verliehene Macht an Teilverantwortliche:

A	B	C	D
E	F	G	H

Wer über Regeln und Vorgehensweisen
entscheidet, ist der Machtinhaber

Derjenige, der Regeln definiert, d. h. Grenzen setzt, ist der Mächtige. Daher sind Regelveränderungen und Grenzlinien nur durch den Mächtigen gestattet.

Im Normalfall ist das der Vorgesetzte oder der Eigentümer. Verändert ein Mitarbeiter die Grenzen oder Regeln, so maßt er sich die Macht an. Dies führt fast zwangsläufig zu offenen oder verdeckten Machtkämpfen.

Manchmal geben Vorgesetzte Anweisungen, die von den Mitarbeitern nicht ausgeführt werden, weil sie dem Unternehmen Schaden zufügen würden: Ein junger Chef erteilt einen Auftrag, der von den Mitarbeitern nicht ausgeführt wird. Die Mitarbeiter führen einen Auftrag aus, den sie als sinnvoller erachten. Reagiert der Chef nicht, verliert er die Macht. Was muss er tun, um die Macht zu erhalten, zumal sich herausgestellt hat, dass die getroffene Entscheidung der Mitarbeiter eine gute war?
Er muss sich bei den Mitarbeitern für das unternehmerische Mitdenken bedanken. Er muss klarstellen, dass er das nächste Mal rechtzeitig informiert und gefragt werden möchte, wenn Entscheidungen aus begründeten Einwänden hinterfragt werden oder aus Sicht der Mitarbeiter nicht umsetzbar sind.

Delegieren ist eine Chefaufgabe

Delegieren bedeutet, eine Aufgabe, die in der alleinigen Verantwortung der *Führungskraft* liegt, eigenverantwortlich an einen Mitarbeiter – oder eine Fremdfirma – abzugeben.
Schafft ein Mitarbeiter seine Arbeit nicht mehr, so hat er sie zurückzugeben. Der Chef kann sie dann an einen anderen Mitarbeiter delegieren.
Aufgaben, für die ein Mitarbeiter laut seiner Stellenbeschreibung zuständig ist, braucht ein Chef nicht zu delegieren. Diese hat ein Mitarbeiter ohne Anweisung zu erledigen.
Eine Delegation zwischen Mitarbeitern gleicher Hierarchiestufe gibt es nicht.
In so einem Fall hat der eine Kollege den anderen zu *bitten*, ihm eine Arbeit abzunehmen.

Als Chef die Grenzen des Mitarbeiters achten

Ich möchte Sie hier an die Geschichte vom Chef und seinem Einkaufsleiter erinnern. Der Chef wollte dem ausgelasteten Einkaufsleiter eine weitere Aufgabe ersparen, indem er sie selbst übernahm.
Ein Chef hat das Recht, ungefragt in das Revier seines Mitarbeiters einzudringen.

Jedem Vorgesetzten ist jedoch anzuraten, seinen Mitarbeiter nicht zu entmündigen:
- indem er dies ungefragt tut;
- indem er offiziell eine Aufgabe delegiert, sich aber ständig einmischt;
- indem er sich in Fachfragen und in inhaltliche Details einmischt, von denen der Mitarbeiter wesentlich mehr versteht;
- indem er ungefragt Entscheidungen trifft, ohne vorher mit dem Betroffenen zu sprechen.

Wer so mit Mitarbeitern umgeht, darf sich nicht wundern, wenn sich diese innerlich zurücknehmen und einen freizeitorientierten Schongang einlegen. Denn: „Der Chef mischt sich sowieso in alles ein."

Direkt zum Chef – oder: als Vorgesetzter übergangen werden

In Betrieben gibt es meist mehrere Hierarchieebenen.

Nehmen wir drei Ebenen an: einen Chef (C), einen ihm unterstellten Vorgesetzten (V) auf der nächsten Ebene und einen diesem Vorgesetzten untergeordneten Mitarbeiter (M) auf der dritten Stufe.

Die drei Hierarchieebenen:

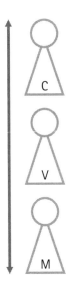

Geht ein Mitarbeiter zum Chef seines Vorgesetzten, wählt er am besten folgende Vorgehensweise, um das Revier seines Vorgesetzten nicht zu verletzen:
Er geht zu seinem Vorgesetzten, informiert ihn darüber, dass er zum Chef gehen will, und sagt ihm, was er mit diesem besprechen will.
Auf dem Weg zurück von diesem Gespräch informiert er seinen Vorgesetzten, was konkret besprochen worden ist.
Der Chef des Vorgesetzten tut gut daran, diesen ebenfalls über das Gespräch zu informieren.

Der Weg der ordnungsgemäßen Kommunikation über mehrere Ebenen:

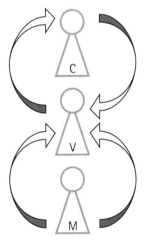

1. Der Mitarbeiter informiert seinen Vorgesetzten über das beabsichtigte Gespräch mit dem Chef.

2. Der Mitarbeiter informiert seinen Vorgesetzten über das Gespräch mit dem Chef.

3. Der Chef informiert den Vorgesetzten über das Gespräch mit dem Mitarbeiter.

Wünscht der Chef des Vorgesetzten ein Gespräch mit dem Mitarbeiter, so tut er gut daran, den Vorgesetzten des Mitarbeiters vorzuinformieren.

Jeder Vorgesetzte muss darauf achten, dass er nicht übergangen wird, sowohl von unten (M) als auch von oben (C). Um jedoch zu vermeiden, dass er wegen jedes Gesprächs zwischen Chef und Mitarbeiter gefragt oder informiert wird, kann er für bestimmte Anliegen eine generelle Erlaubnis erteilen. In anderen Fragen bleibt die entsprechende Informationspflicht.

Das Beispiel gilt auch für Betriebe mit mehr als drei Ebenen. Das Prinzip bleibt immer gleich: Es sollte grundsätzlich keine Ebene übersprungen werden.

Zum Bestellen von Führungskräften aus den eigenen Reihen
Grundsätzlich gilt, dass bei der Besetzung von Führungspositionen aus den eigenen Reihen der Dienstälteste den Vorrang hat.

Wenn der Dienstälteste nicht die Führungsposition erhält:
- Soll ein nach dem Dienstalter jüngerer Mitarbeiter anstelle des Dienstältesten für eine Führungsposition ausgewählt werden, müssen vorher mit dem Dienstältesten Gespräche geführt werden.
  In diesen Gesprächen müssen nachvollziehbare Gründe für die getroffene Entscheidung dargelegt werden: „Herr Meier, ich weiß, dass Ihnen als Dienstältester der Posten für den Verkaufsbereich zusteht. Wir haben aufgrund folgender Überlegungen eine andere Entscheidung getroffen ..."
- Vor der endgültigen Auswahl eines anderen Mitarbeiters für diese Führungsposition muss in einem Gespräch seine Position als Dienstältester in jedem Fall gewürdigt werden. Mit dem Gespräch vorab ist schon eine Würdigung verbunden. Andererseits kann eine Würdigung der Leistung des Mitarbeiters im Gespräch selbst erfolgen. Sie muss ehrlich und konkret sein. Die Würdigung darf dem Mitarbeiter nicht wie eine inszenierte Beweihräucherung vorkommen – quasi als Gegenleistung für den verwehrten Aufstieg. Ein Mitarbeiter spürt das. Das würde ihn nur demotivieren.
- Es kann manchmal ein guter Weg sein, dem Dienstältesten einerseits klar mitzuteilen, dass *er selbst* für die zu besetzende Führungsposition aus bestimmten Gründen nicht infrage kommt, weil er z. B. *der EDV-Experte* in der Abteilung ist und Führungsaufgaben nicht seine Stärke sind. Das müssen Sie begründen können!

Sie binden ihn jedoch in den Entscheidungsprozess ein und bitten ihn als Erfahrenen, beratend mitzuhelfen, wer die Position bekommen soll und welche Entscheidungskriterien er für wichtig hält. Damit würdigen Sie ihn.
- Ein Hearing, in dem ein anderer zum Zug gekommen ist, setzt die Würdigung des Dienstältesten nicht außer Kraft.

Was der Noch-Kollege und zukünftige Vorgesetzte tun muss:
- Wenn einer aus der Kollegenschaft zum Vorgesetzten seiner bisherigen Kollegen wird, hat sich dieser künftige Vorgesetzte von den Kollegen in seiner bisherigen Position zu verabschieden und ihnen zu danken, z. B. in einer entsprechenden Abschiedsfeier.
- Er muss die Freundschaft als Kollege kündigen:
Um die Führungsposition übernehmen zu können, muss der neue Vorgesetzte zuerst auf Distanz zum bisherigen Beziehungsverhältnis gehen.
Dies ist – direkt oder indirekt – ein Aspekt der angesprochenen Abschiedsfeier.

Eine Freundschaft zu den Mitarbeitern kann in der neuen Position durchaus der Fall sein. Sie ist erfahrungsgemäß nicht mehr so tief, da Führungskräfte zwar die Interessen der Mitarbeiter berücksichtigen, aber auch die Interessen der Firma und der Führungsebene vertreten müssen.
Führungskräfte werden dann und wann Entscheidungen zu treffen haben, die zum Wohl der Firma oder der Abteilung notwendig sind, aber schwer mit einer Freundschaft zu Mitarbeitern vereinbar sind, z. B. die Kündigung eines Mitarbeiters oder die Durchsetzung einer unliebsamen Maßnahme.

Führungskräfte, die sich nur auf die Seite der Mitarbeiter stellen, vernachlässigen ihre Führungsverantwortung und können mit der Loyalität der Chefetage nicht rechnen. Sie sind eher Betriebsräte als Führungskräfte.

- Die neue Führungskraft muss mit jedem Mitarbeiter eine Art Einstellungs- oder Überstiegsgespräch führen. Dabei geht es um die Kündigung des alten Führungsvertrags mit der vorherigen Führungskraft und um die Erstellung eines neuen Vertrags.

Der entscheidende Punkt dahinter ist, dass die neue Führungskraft sich dessen bewusst ist, dass sie nicht allein durch die bloße *Ernennung* Führungskraft ist. Auf *emotionaler* Ebene werden die Bedingungen für Führerschaft und Gefolgschaft ausgehandelt. Erst die versicherte Loyalität der bisherigen Kollegen und die Anerkennung in der neuen Funktion und Aufgabe schaffen die Startbedingungen für die neue Führungskraft.

Hier einige mögliche Sätze für ein Überstiegsgespräch:
„Lieber ..., du hast bisher für ... gearbeitet. Wie du weißt, habe ich nun seine Stelle übernommen. Ich von meiner Seite aus möchte mit dir gut zusammenarbeiten können. Da die Bereitschaft zur Zusammenarbeit von beiden Seiten vorhanden sein muss, frage ich dich: Akzeptierst du mich als neuen Leiter der Abteilung und willst du in Zukunft mit mir zusammenarbeiten? Was ist dir für unsere zukünftige Zusammenarbeit wichtig? ..."
Im Laufe des Gesprächs oder in einem darauf folgenden werden die Bedingungen und die gegenseitigen Erwartungen für ein gedeihliches Miteinander ausgehandelt.

6.4 Aspekte und Empfehlungen für Mitarbeiter

Als Mitarbeiter die Macht und Verantwortung des Chefs respektieren

- Es ist in Firmen immer wieder ein Problem, wenn Teilverantwortliche ganz frei und selbstständig agieren möchten – so, als ob ihnen der Betrieb gehören würde.

Der Gesamtleiter hat jedoch Gesamtverantwortung. Er hat die Perspektive über einzelne Teilbereiche hinaus wahrzunehmen. Er muss das Ganze betrachten:

- nach innen (Zusammenspiel aller Bereiche)
- und nach außen (Markt, Mitbewerber).

Er muss viele Interessen berücksichtigen und verantworten, von denen ein Teilverantwortlicher nichts weiß.

Der Chef darf daher seine Macht auf ein einzelnes Arbeitsfeld nie völlig aufgeben. Er kann aber Entscheidungsmacht unter Bedingungen und bis auf Widerruf delegieren.

- Es ist die Aufgabe des Chefs, die Arbeitsfelder aufzuteilen und sie Mitarbeitern seines Vertrauens zuzuteilen. Es ist auch seine Aufgabe, den Rahmen für Entscheidungen in Teilbereichen abzustecken. Er kann mit den Mitarbeitern gemeinsam Ziele vereinbaren und sie bitten, ihm Entscheidungsvorschläge zu unterbreiten. In seiner Gesamtverantwortung hat er aber die Macht über Letztentscheidungen.
- Der Chef hat auch Kontrollaufgaben, d. h. er hat Interesse für den Einzelbereich zu signalisieren und Rückmeldungen einzufordern. Wenn er das nicht tut, vernachlässigt er Bereiche, für die er die Letztverantwortung hat.
- Ein Chef hat – wenn man so will – die Quadratur des Kreises zu vollbringen: Einerseits muss es ihm gelingen, im Kreis seiner Mitarbeiter zu sitzen und zur Gruppe dazuzugehören. Andererseits muss er vor der Gruppe stehen, den Überblick behalten und die Verantwortung für die Leitung des Betriebs wahrnehmen, vor allem bei schwierigen oder unliebsamen Entscheidungen und in betrieblichen „Schlechtwetterperioden". Die Kunst ist es, beides in einem ausgewogenen Verhältnis zu tun.
- In wesentlichen Entscheidungen wollen Chefs gefragt werden. Als Mitarbeiter habe ich diese Macht des Chefs zu akzeptieren. Es können sachliche Argumente noch so schlüssig sein, ich werde mit Forderungen gegenüber dem Chef nicht weit kommen, wenn ich als Mitarbeiter nicht seine Macht akzeptiere.

Der Mitarbeiter und seine Geschäftsführer

Ein Seminarteilnehmer brachte seine betriebliche Situation vor.

Er ärgerte sich über die Kurzsichtigkeit und Inkompetenz seiner Geschäftsführer.

Mit seinen Vorschlägen würde er von ihnen abgewiesen, obwohl diese – fachlich gesehen – die richtigen Entscheidungen wären. Zudem würden die Geschäftsführer selbst zu spät oder die falschen Entscheidungen treffen.

Dem Seminarteilnehmer waren seine Leidenschaft für die Sache, für seine Mitarbeiter und die Kunden ins Gesicht geschrieben. Jahrelang hatte er sich zu 150 % für den Betrieb eingesetzt, als wenn ihm dieser gehören würde. Das Verhalten der Geschäftsführer hätte ihn jedoch im Laufe der Jahre mürbe gemacht.

Er wollte nun wissen, warum die Geschäftsführer so auf ihn reagierten und ob er im Betrieb bleiben oder besser gehen sollte.

In der Darstellung der Situation beim Seminar zeigte sich, wie sehr die Chefs die ablehnende Haltung und fehlende Loyalität dieses Mitarbeiters spürten. Die Folge war eine reservierte Haltung gegenüber den Forderungen dieses Mitarbeiters.

Für den Seminarteilnehmer haben sich durch die Darstellung der Situation folgende Überlegungen für eine Entscheidung ergeben:

- Sich dem System unterordnen → Demut, Loyalität gegenüber der Macht der/des Chefs.
- Sich zu der Macht beugen, weil ihm die Sache, seine Mitarbeiter und Kunden wichtiger sind.
- Bleiben, weil er viele Jahre seiner Lebensenergie in diesen Bereich investiert und er emotional viel Herzblut vergossen hat. Das will er nicht aufgeben.
- Gehen, weil die Kränkung für ihn zu groß ist oder er emotional wenig zurücklässt. Er fühlt sich innerlich nicht mehr an den Betrieb gebunden.

> EIN CHEF,
> DER NICHT ANERKANNT WIRD,
> ANERKENNT NIEMANDEN!

Vier grundlegende Chefbedürfnisse

Nachfolgende Empfehlungen sind Erfahrungswerte und verstehen sich als Grundregeln, die in jedem Fall zu beachten sind.

Anerkennen Sie seine Entscheidungskompetenz
Informieren Sie ihn vor größeren Aktionen: „Chef, ich habe vor ... / Ist es recht, wenn ...?"
Binden Sie ihn rechtzeitig in Entscheidungsprozesse ein, damit er seine Interessen und Bedenken einbringen kann. Dies ist auch für den Mitarbeiter wichtig, um im Vorfeld keine „leeren Kilometer" zu produzieren.

Halten Sie den Chef durch Informationen auf dem Laufenden
Erstatten Sie dem Chef ungefragt Bericht über die Arbeitsperiode.
Senden Sie ihm regelmäßig eine Kurzinformation über abgeschlossene oder laufende Projekte.

Bieten Sie ihm für Entscheidungen Sicherheiten an
Wie entsteht Sicherheit? Vertrauen ist gut – Fakten sind besser. Der Chef will wissen, wie viel Risiko und welche Konsequenzen mit einer Entscheidung verbunden sind: finanziell, personell, Belastung von Ressourcen etc.
Daher sollte der Mitarbeiter in der Vorbereitung überlegen, was im schlechtesten Fall („worst case") passieren kann und wie dann damit umgegangen wird.
Eine Erkenntnis dazu, wie Seiltänzer mit dem Risiko des Fallens umgehen lernen:
Sie üben bewusst das Herunterfallen. Sie versuchen, beim Sturz immer noch das Seil zu erreichen.
Der Sturz vom Seil heißt für die Praxis: Im schlechtesten Fall sollte eine Entscheidung nicht zu einem totalen „Absturz" führen. Daher sind im Vorfeld Überlegungen für ein kalkuliertes Risiko wichtig, z. B. durch eine Ausstiegsklausel, ein Rückgaberecht oder durch Versicherungsgarantien oder Risikostreuung etc.

Der Chef muss frei entscheiden können
Legen Sie ihm kein fertiges, geschlossenes Konzept oder Angebot vor. Hier hat er im Kern keine Wahl mehr. Bieten Sie ihm einen Erst- oder Rohentwurf an, der einerseits eine erkennbare Struktur hat und zugleich für Veränderungen und Ergänzungen offen ist. Schlagen Sie Varianten und Alternativen vor. Bitten Sie ihn um eine Stellungnahme: „Was meinen Sie dazu, Herr Chef? An welche Lösung denken Sie?"

Sich als Mitarbeiter gegenüber dem Chef abgrenzen
Grenzen zu wahren ist nicht nur eine Aufgabe des Chefs, sondern auch eine des Mitarbeiters. Hier handelt es sich jedoch um eine der schwierigsten Formen des Grenzensetzens im Betrieb. Denn ein NEIN zum Chef könnte leicht als Arbeitsverweigerung fehlgedeutet werden.
Ich selbst hatte mich mithilfe eines Arbeitsplans abgegrenzt. Wenn der Chef mit einem zusätzlichen neuen Projekt kam, habe ich ihm meinen schriftlich vorliegenden Arbeitsplan zuge-

schickt und gesagt: „Ich mache es gerne. Aber dann muss ich eine andere geplante Arbeit entweder verschieben oder streichen. Oder es wird inzwischen die eine oder andere Aufgabe an einen Kollegen übertragen."
Ich signalisierte ihm dadurch, dass ich die neue Aufgabe sehr wohl machen würde. Ich wies ihn aber auch auf meine beschränkten Kapazitäten hin: Nur wenn ich aus meiner bestehenden Aufgabenliste etwas streiche, kann ich etwas Neues machen. Geholfen hat auch, dass ich Tage vorher bereits angekündigt habe, dass ich zum momentanen Zeitpunkt voll ausgelastet bin. Ich habe ihn regelmäßig über meinen Kapazitätsstand und den Grad der Auslastung informiert – zu meinem eigenen Schutz. Das ging so weit, dass mich der Chef vor anderen schützte, wenn diese mir Arbeit zuteilten.

Durch Kritik gegenüber dem Vorgesetzten eine Grenzverletzung aufzeigen

Was vielleicht ebenso schwer ist wie ein NEIN gegenüber dem Vorgesetzten, ist eine notwendige Kritik des Mitarbeiters am Vorgesetzten, weil er aus seiner Sicht eine Grenzverletzung begangen hat.
Ein Freund hatte mir einmal einen Gesprächsleitfaden gezeigt, der mit „Das Verwahrungsgespräch" betitelt war. Leider war diesem Blatt kein Urheber zu entnehmen. Für Kritik von der Seite des Vorgesetzten findet sich in der Fachliteratur oftmals ein Gesprächsleitfaden, in die umgekehrte Richtung hingegen selten.

Da ich die angebotenen Gesprächsschritte für hilfreich halte, möchte ich diese in abgeänderter Form gerne weitergeben:

1. Schritt: Ich bin verärgert ...
Sagen Sie mit den ersten Worten Ihr negatives Gefühl, welches das Verhalten des Vorgesetzten bei Ihnen ausgelöst hat: „Ich bin sauer ... Ich bin traurig ... Ich bin enttäuscht ... Es hat mir weh getan ... Es hat mich verletzt ..."

2. Schritt: Was Sie, Herr Chef, gesagt oder getan haben ...
Sie schildern das Gesehene und Gehörte, wie es eine Videokamera mit Bild und Ton hätte aufnehmen können (Beobachtungen, Fakten, Zahlen, Gehörtes ...). Unterlassen Sie es, Vermutungen, Deutungen und Unterstellungen als *Tatsachen* hinzustellen.
Reden Sie über konkrete Dinge. Vermeiden Sie Übertreibungen wie *immer, nie, ständig* oder *nur*.

3. Schritt: Ich vermute ...
Teilen Sie Ihrem Vorgesetzten mit, welche Absicht Sie hinter seinem Handeln oder dem Gesagten vermuten: „Ich vermute, Sie wollten damit ..."

4. Schritt: Für mich jedoch ...
Sagen Sie Ihrem Vorgesetzten, welche nachteiligen Folgen für Sie oder Ihre Mitarbeiter aus seinem Verhalten entstanden sind.

5. Schritt: Oder wollten Sie ... / Oder war es so, dass ...
Sprechen Sie weitere Möglichkeiten aus, und versuchen Sie, auf diese Weise „Brücken" zu bauen, Diskussionsbereitschaft zu zeigen und das Verhalten des Vorgesetzten zu verstehen.
Nach Ihren Äußerungen soll nun der Vorgesetzte dazu Stellung nehmen können. Günstig ist es, wenn Sie als Mitarbeiter die Schritte 1–5 ohne Unterbrechung machen können und der Vorgesetzte sich erst danach dazu äußert.

6. Schritt: Können wir es in Zukunft so machen ...
Sie äußern Ihren Wunsch und bringen Vorschläge ein.
Wichtig ist dabei: Ein Wunsch ist ein Wunsch. Er darf kein indirekter Befehl sein. Ein Vorgesetzter muss die Möglichkeit haben, diesem Wunsch nicht zu entsprechen bzw. Ihnen andere Vorschläge anzubieten.
Ziel ist es, für zukünftige vergleichbare Situationen haltbare Vereinbarungen mit dem Vorgesetzten zu erreichen: wer, was, wann usw.

Beschränken Sie sich auf das eigene Revier
Stellen Sie sich folgende Situation vor:
Sie arbeiten in einem Team zusammen. Einer Ihrer Teamkollegen leistet oft aus Ihrer Sicht nicht die von ihm geforderte Arbeit. Sie springen immer wieder ein, übernehmen seine Arbeit und bessern das Defizit aus, um das Gesamtergebnis nicht zu gefährden.

Dazu einige Hinweise:
- Nur dadurch, dass Sie sich auf Ihren Bereich beschränken, bietet sich auch die Chance, dass das tatsächliche Defizit zum Vorschein kommt und bearbeitet werden kann.
- Um das Gesamtergebnis zu sichern, haben Sie sich – wenn auch gut gemeint – einen Revierteil eines anderen zu Eigen gemacht.
Sie haben nicht nur eine Grenze verletzt. Sie haben auch den Missstand gedeckt.
- Womöglich ärgern Sie sich auch noch über Ihren Kollegen, da Sie dessen Arbeit machen müssen. Dabei hat Ihr Teamkollege gar nicht darum gebeten.

Die Lösung:
- Sie ziehen sich auf Ihr Revier zurück und hören auf, die Arbeit des Teamkollegen zu übernehmen. Sie übernehmen keine Arbeit, wenn Sie darum nicht ausdrücklich gebeten werden.
- Übernehmen Sie im Fall der Bitte nur dann die Aufgabe, wenn Sie das *gerne* tun, sonst fühlen Sie sich später oder im Streitfall ausgenutzt oder als der Dumme.
- Am besten kündigen Sie einen Revierrückzug schon *vorher* an. Teilen Sie mit, dass es sich bei Ihrer Hilfe um eine Ausnahme handelt. Sonst passiert es, dass der so genannte Klammeraffen-Effekt im Handumdrehen eintritt: *Sie* haben nun ein Problem oder eine Aufgabe am Hals, das oder die Ihnen ursprünglich nicht gehört hat.

Der Abteilungskaffee

Eine Sekretärin kümmert sich aus Gefälligkeit monatelang um den Einkauf der Kaffeeutensilien für die Abteilung. Es hat sie niemand darum gebeten. Sie übernimmt jedoch diesen Dienst gerne, auch wenn er nicht ihre Aufgabe ist.

Da die Kollegen diesen Gefälligkeitsdienst als selbstverständlich hinnehmen und nicht entsprechend würdigen, fühlt sie sich mit der Zeit ausgenutzt.

Plötzlich weigert sie sich, weiterhin täglich die frische Milch und den Kaffee zu kaufen. Die Kollegen reagieren deshalb verärgert und machen ihr Vorwürfe.

Die Lösung:
Kündigen Sie Ihren Rückzug rechtzeitig an: „Liebe Kollegen, diese Woche werde ich die Milch und den Kaffee für die Abteilung noch kaufen. Ab nächster Woche werde ich es nicht mehr tun. Wenn eine gemeinsame Lösung gefunden werden soll, ist diese neu zu vereinbaren. Sonst kümmert sich ab nächster Woche jeder selbst um das, was er braucht."

Als neuer Mitarbeiter in der Firma

Der neue Arbeitsplatz

Ein Seminarteilnehmer erzählte mir von seinem Einstieg als Chefassistent in einem traditionsreichen Betrieb. Dort kam er in ein Büro zu einer Kollegin, die schon viele Jahre in diesem Betrieb tätig war. Als der

Assistent an einem der nächsten Tage wieder in das gemeinsame Büro kam, fand er auf seinem Schreibtisch Unterlagen und Utensilien völlig anders geordnet vor. Auf die Anfrage an seine Kollegin, was denn hier passiert sei, erklärte diese, dass der Chef eine bestimmte Ordnung auf dem Schreibtisch zu haben wünsche.
Es stellte sich heraus, dass seine Kollegin den Schreibtisch nach ihren Vorstellungen verändert hatte.

Wenn ich neu in eine Firma komme, kann ich selten meine Grenzen selbst bestimmen (Räumlichkeiten, Aufgaben etc.), egal ob ich einen ganz neuen oder frei gewordenen Job übernehme.
Für die anderen komme ich als „Neuer", als Frischling, der sich zuerst hinten anzustellen hat. Ich habe daher erstens als Jüngster in der Rangordnung die Stammrechte der Ansässigen zu würdigen, die vorhandenen Grenzen, Regeln und Reviere zu respektieren.
Zweitens wird es wichtig sein, nach einer kurzen Zeit der Einarbeitung mein Revier abzustecken, zu sichern und gegenseitige Erwartungen abzuklären.

Es ist sinnvoll, den Weg der offenen Strategie zu wählen und nach der ersten Phase des Einlebens und Beziehungsaufbaus gemeinsam Revierthemen und Erwartungen zu deklarieren und zu verhandeln sowie Wesentliches schriftlich zu vereinbaren.

Eine Anfangssituation ist einmalig und nicht wiederholbar. Hier werden das zukünftige Miteinander und die Machtverhältnisse wesentlich festgelegt. Die Frage lautet: Was wird mit der Einleitung eingeleitet?

Eine Anfangssituation verhält sich ähnlich einer flüssigen Masse, die man ausgießt. Zu Beginn kann sie sich noch in viele Richtungen ausbreiten und formen, je nachdem, welche Kräfte auf sie einwirken. Danach verfestigen sich die Formen und spätere Veränderungen werden schwierig.

6.5 Kollegen oder Vorgesetzte mit DU oder SIE ansprechen?

Das Ansprechen mit DU oder SIE ist ein klassischer Fall für das Signalisieren von Grenzen. DU und SIE drücken in formaler Form die Distanz oder Nähe zwischen Personen und deren Verhältnis zueinander aus:

- Wie nahe darf mir der andere sein?
- Wie privat möchte ich mit ihm sein?
- Welche Themen besprechen wir? Welche sicher nicht?
- Wie ist das Verhältnis zwischen Vorgesetztem und Mitarbeiter?
- Wie verstehen wir unsere Beziehung als Arbeitskollegen?

Wieder auf SIE umgestellt

Einem Mitarbeiter wurde von einem neuen Leiter einer Stabstelle das DU-Wort angeboten. Der Leiter tat dies, um die Arbeitsbeziehung für allfällige gemeinsame Projekte zu verbessern. Der Mitarbeiter wollte dieses DU-Angebot eigentlich nicht. Er fand es unpassend, weil er den Leiter fachlich und persönlich nicht akzeptierte. Da er sich dieses Angebot nicht abzulehnen getraute, blieb es eine Zeit lang bei dieser Anrede. Da sich im Laufe der nächsten Wochen aus der Sicht des Mitarbeiters die Differenzen vergrößerten, fasste er sich ein Herz und suchte das Büro des Leiters auf. Er sagte ihm: „Ich möchte, dass wir zukünftig wieder per SIE sind. Ich finde diese Form für unser Arbeitsverhältnis für angebrachter. Wir stehen uns auch nicht so nahe." Der Leiter war überrascht. Er akzeptierte die Entscheidung. In der Folge wurde die Arbeitsbeziehung durch die wiederhergestellte Distanz wesentlich besser.

Wann darf ich mit jemandem per DU sein und wann nicht?
Verschiedene klassische Regeln haben bei uns Tradition, ob und wie aus einem SIE- ein DU-Verhältnis wird:

- Der höher Gestellte bietet das DU-Wort dem niedriger Gestellten an.
- Der (dienst)ältere bietet es dem jüngeren Mitarbeiter an.

Das angebotene DU wirkt grundsätzlich wie eine *Eintrittskarte* in den nächsten inneren Beziehungskreis:
Die Beziehung tritt in einen neuen Status. Oft geht mit dem DU die Erwartung eines offeneren Miteinanders einher.
Zum Teil erwarten sich die Personen auch Vorteile aus dieser persönlicheren Kommunikation: Diese reichen von unkomplizierteren Umgangsformen bis hin zu sehr konkreten Vorteilen, die mit dieser neuen DU-Beziehung verbunden sind. Das so genannte Vitamin B hat wohl hier einen Ort. So erhoffe ich mir, mehr oder schneller in Informationen eingeweiht zu werden. Ich erhoffe mir, bei DU-Freunden leichter auf ein offenes Ohr zu stoßen, wenn es um eigene Interessen geht. Wenn auch manches nicht unbedingt mit der DU-Anrede verbunden ist, so ist es doch sehr oft ein Zeichen für die innere Verbindung von Personen.
Mit einem Mitarbeiter aus einer Beratungsfirma hatte ich über zwei Jahre intensiv zusammengearbeitet. Während dieser Zeit waren wir immer per SIE. Erst nach dieser Zeit sind wir dann einmal in den Biergarten gegangen, um auf das DU zu trinken. Die innere Nähe, die schon viel länger bestanden hat, wurde mit dem DU gegenseitig bestätigt und verstärkt.
Wer im altehrwürdigen Gymnasium Petrinum in Linz zur Schule gegangen ist, wird mit dem Abschluss seiner Matura in den Kreis der „Altpetriner" aufgenommen. Die DU-Anrede ist in dieser Runde fast automatisch gegeben, auch wenn man sich zum Teil kaum kennt. Man gehört nun quasi zur Familie.
Ich selbst hatte einmal einer meiner Mitarbeiterinnen das DU-Wort angeboten. Sie hatte es jedoch abgelehnt. Anfangs war ich deswegen persönlich gekränkt. Sie hatte mir dann ihre Ablehnung begründet, mit der ich gut leben konnte.

Einmal hatte ich einen Seminarteilnehmer, mit dem ich während des Seminars per DU war. Nach dem Seminar hat er mir das DU-Wort wieder entzogen.

In Seminaren wird des Öfteren mit Namensschildern gearbeitet, die die Teilnehmer vor sich auf dem Tisch oder Boden stehen haben. Bei einem Seminar, das ich abhielt, war es so, dass auf vorbereiteten Karten auf der Vorderseite des Schildes der Familienname und auf der Rückseite der Vorname stand. Jeder konnte das Namensschild so stellen, wie er angesprochen werden wollte. Stand der Familienname vorne, hieß das, die Person möchte mit dem Familiennamen und damit auch per SIE angesprochen werden. Wer den Vornamen nach vorne stellte, wollte mit seinem Vornamen und mit DU angesprochen werden.
Bei einem Seminarteilnehmer war es damals so, dass er bis zur ersten Seminarpause das Schild auf SIE gestellt hatte und es nach der Pause auf DU umstellte. Am Nachmittag hat er mir das DU wieder entzogen. Es war ein Spiel von Nähe und Distanz.

Generell lässt sich schwer sagen, ob in Arbeitsbeziehungen das DU oder das SIE der bessere Weg ist. Meines Erachtens ist es eine Frage an die betroffenen Personen selbst. So kann ein Chef oder Mitarbeiter mit dem SIE sein emotionales Bedürfnis nach Sicherheit und Distanz besser schützen. Für manche entspricht das SIE auch mehr dem Verständnis der Arbeitsbeziehung und der hierarchischen Stellung zueinander.

DU, Herr Direktor
Wir im oberösterreichischen Mühlviertel haben eine eigene Regelung mit dem DU und SIE. Wenn ich sage: „DU, Herr Direktor!" ist der Respektabstand nach wie vor gewahrt. Angeblich stammt diese Form der Anrede aus dem Militärbereich. Man spricht dort vom „Offiziers-DU". In anderen Bereichen wird es das „kleine DU" genannt.

Ich halte es für mich im Zusammenhang mit DU bzw. SIE folgendermaßen:
Bevor ich jemandem das DU anbiete, prüfe ich es für mich, wie er mit dem DU umgeht. Wenn mit dem DU offenbar Respektlosigkeit verbunden ist, dann gibt es für mich kein DU. Daher lasse ich mir mit der DU-Anrede eher Zeit. Eine Grenze lieber später auf das DU zu erweitern ist sinnvoller, als diese vorschnell preiszugeben.
Wenn ich jemandem erst später das DU anbiete, liegt in dieser bewussteren Entscheidung mehr Wertschätzung für die andere Person. Das DU bekommt dadurch Gewicht und ist mehr als eine Sprachregelung.

Das DU oder SIE als Teil der Firmenkultur

In hierarchisch geprägten Strukturen hat das SIE die Funktion, höhere Ebenen von untergeordneten zu trennen. Innerhalb der einzelnen Hierarchieebenen ist das DU wiederum oft ein Zeichen der Zusammengehörigkeit und ein Signal der Akzeptanz und Wertschätzung unter „Kollegen".
Es gibt Firmen, in der alle Führungskräfte und Mitarbeiter untereinander per DU sind. Sie verstehen das DU als wesentliches Element für den kollegialen Umgang miteinander und als Kultur der Offenheit in der Begegnung.
Ein bekanntes schwedisches Möbelhaus ist nicht nur firmenintern, sondern sogar mit allen Kunden per DU. Wenn Sie dort einkaufen gehen, werden Sie mit DU angesprochen. Ich persönlich mag das nicht. Wenn mich ein Verkäufer mit DU anspricht, teile ich ihm das klar mit: „SIE, wir sind nicht per DU!" Ich lasse mir das nicht gefallen. Ich lasse mir kein DU aufdrängen. Das empfinde ich als Grenzverletzung.

6.6 Manchmal müssen wir Grenzzäune niederreißen und neu setzen

Noch einen abschließenden Gedanken zu betrieblichen Grenzen im Blick auf die Zukunft:

Vieles in unserer Gesellschaft verändert sich schneller als noch vor zwanzig oder dreißig Jahren. Festgelegte Grenzen im Betrieb verlieren daher wesentlich früher an Halt- und Brauchbarkeit.

Beispiele:
- Märkte und Produktrichtungen entwickeln und verändern sich schneller.
- Es gibt ständig neue und mehr Anbieter und Mitbewerber durch den globalen Markt.
- Technische Veränderungen vollziehen sich in immer kürzeren Zeitabständen.
- Längere Bindungen eines Kunden an ein Produkt oder die Bindung von Mitarbeitern an einen Betrieb sind einer höheren Mobilität gewichen.

Veränderungsprozesse (Change-Management) sind daher für Betriebe heute zu einer *der* Herausforderungen für die Zukunft geworden.

Damit z. B. in der Landwirtschaft aufgrund veränderter Rahmenbedingungen eine sinnvolle Neubewirtschaftung der Felder möglich ist, muss ein einzelner Bauer auf althergebrachte Grenzziehungen verzichten und ganz neuen Vereinbarungen zustimmen. Dasselbe ergibt sich aufgrund der Veränderungen für Betriebe und deren Grenzziehungen auf den verschiedenen Ebenen:
- Alte Felder sind aufzulösen, umzuwidmen oder ganz anders zu bewirtschaften.
- Neue Felder sind einzurichten und zu besetzen.
- Neue Bewirtschaftungen verlangen unter Umständen veränderte Führungsstrukturen und zeitlich wie örtlich mobilere Formen in der Zusammenarbeit.

Grenzvereinbarungen müssen demzufolge in der neuen Situation neu überlegt und verhandelt werden. Dabei bleiben die Prinzipien des Grenzensetzens, die ich in diesem Buch beschrieben habe, gleich. Es sind nur die Grenzziehungen viel öfter und früher notwendig.

Der weitaus größere Teil der Führungskräfte und Mitarbeiter hat Schwierigkeiten, mit Veränderungen so schnell zurechtzukommen. Es geht um das große Thema der Angst und Sicherheit und um das, was gilt.

Große Organisationen sind wie große, schwere Passagierschiffe. Sie haben viele Decks (Ebenen), viele Verantwortliche und Mitarbeiter in unterschiedlichen Bereichen und viele Gäste (Kunden). Wenn eine Kursänderung erfolgreich durchgeführt werden soll, ohne unnötige Panik auszulösen und alle ins Boot zu holen, d. h. rechtzeitig einzubinden, sind viele Schritte notwendig.

Solche Veränderungen sind meist ohne Hilfe von außen kaum zu bewältigen.

Hier diese Thematik ausführlich zu behandeln, würde jedoch die Grenzen dieses Buches sprengen.

7 Ich möchte mit dem Grenzensetzen wieder beginnen

Was tun, wenn ich schon viel an Revier verloren habe?
Vielleicht hat sich im Laufe Ihrer Beziehung, im gemeinsamen Haushalt oder im beruflichen Bereich Ihr Revier stetig verkleinert.

Sie haben immer wieder übersehen, dass andere Ihre Reviergrenze überlaufen. So sind aus zugelassenen Grenzverletzungen neue Revierrechte geworden, weil Sie sich nicht gewehrt haben. Andere waren mit dem Durchsetzen von Interessen schneller, wenn es um die Besetzung neuer Reviere ging. Vielleicht haben Sie sich bisher nicht getraut, Ihre Revierbedürfnisse einzufordern. Oder Sie haben sich stets um die Bedürfnisse anderer gekümmert: um die Bedürfnisse Ihrer Kinder, des Partners oder der Firma. Oft haben Sie dabei Ihre eigenen Interessen hintangestellt.

Und schon ist es passiert, dass Ihr eigenes Revier wesentlich kleiner ist, als Sie das möchten. Im schlechtesten Fall hängt die Größe Ihres Reviers mittlerweile von den anderen ab: Sie haben so viel, als diese Ihnen lassen.

Ihr Revier damals (A) und Ihr Revier heute (A'):

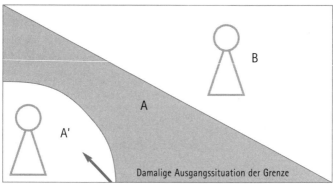

Derzeitiger Iststand der Grenze

Ein Seminarteilnehmer sagte mir, dass seine Situation genau so sei. Er möchte wissen, was er nun tun sollte. Ich bat ihn, sich an die Wand zu lehnen und sich den Seminarraum als seinen Revierteil vorzustellen. Ich erklärte ihm, diesen Raum, der ihm früher einmal gehört hatte, habe er aufgegeben. Nur mehr ein paar Quadratmeter dieses Raumes seien ihm noch geblieben. Es stünde ihm wohl auf alle Fälle eine schwere Zeit bevor. Denn dieser Raum, den er freigegeben habe, sei durch andere besetzt. Vielleicht stecken Sie Ihre Reviergröße selbst einmal ab. Stellen Sie sich an die Wand Ihres Wohnzimmers. Oder zeichnen Sie ein Rechteck auf ein Blatt Papier, auf dem Sie Revierverhältnisse einzeichnen können. Der Raum oder die gezeichnete Fläche kann für Ihr Revier in der Partnerschaft stehen, für die Revierverhältnisse in der Familie oder im Job:
Wie ist die Revierverteilung? Was ist Ihr Revier? Wo und wie groß ist es?
Gibt es eine Entwicklungsgeschichte dahinter?
Welche Reviere sind es, die Sie verloren haben? In welchen Bereichen?
An wen? Wer besetzt welche Reviere?
Seit wann ist das so?
Warum ist mein Revier so, wie es ist?

Wenn Sie für sich wieder zufrieden stellende Revierverhältnisse schaffen möchten, gilt: Je mehr Reviere Sie wieder zurückerobern wollen, je länger der aktuelle Zustand Ihres Reviers besteht, desto mühsamer wird es sein, an diesen Grenzen etwas zu verändern. Sie selbst sind nicht so in Übung, Grenzen zu setzen. Andere sind es von Ihnen nicht gewohnt, dass Sie den Respekt vor Ihren Grenzen einfordern.

Reviere wieder zurückgewinnen
Sichern Sie zuerst das ab, was Ihnen noch geblieben ist (A')
Im Alltag stehen immer wieder Revierfragen an.
Sagen Sie zukünftig sofort STOPP, wenn es um die Verteidigung Ihres Reviers geht.

Erobern Sie abgegebene Felder zurück (A)
Tun Sie das Stück für Stück. Nicht alles auf einmal, sondern Teile davon. Beispiele:
- Der Sohn meines Freundes war bereits ausgezogen. Er hatte jedoch noch immer seine Bücher und Wintersportsachen bei seinen Eltern deponiert. Mein Freund sagte ihm, dass er seine Sachen in den nächsten zwei Monaten abholen müsse, sonst würden seine Utensilien sozialen Einrichtungen für Flohmärkte zur Verfügung gestellt.
- Stefan M. hatte in seinen Kleiderschränken schon mehr Kleidung seiner Frau hängen als eigene. Er bat sie, ihre Kleidung doch in einen anderen Kasten zu hängen. Es wurde eine für beide befriedigende Lösung gefunden.
- Nur die Mutter hatte gekocht, gewaschen und geputzt, obwohl auch Tochter und Schwiegersohn im gemeinsamen Haushalt wohnten. Erst als die Mutter ihre Erholungs- und Entlastungswünsche einforderte, kam es zu einer Lösung. Tochter und Schwiegersohn beteiligen sich nun abwechselnd an der Haushaltsarbeit.

Beginnen Sie bei für Sie elementaren Dingen
Nicht alle Reviere, die Sie verloren haben, werden für Sie gleich wichtig sein.
Andere sind Ihnen heute nicht mehr wichtig. Aktuelle oder neue Revierfragen wollen Sie anders bestreiten als früher (z. B. Kauf neuer Möbel, aktueller Revierstreit mit den Nachbarn, Wunsch nach Gehaltserhöhung oder im neuen Job besser starten).

Seien Sie innerlich zum Revierkampf bereit
Wenn Sie alte Reviere zurückgewinnen wollen, die Sie beanspruchen, müssen Sie jemand anderen zurückdrängen, der sich bisher dort ausgebreitet hat.
Das Äußern einer Bitte oder eines Wunsches kann manchmal genügen.
Aber was tun Sie, wenn der andere nicht darauf reagiert?

Wenn Sie innerlich darauf eingestellt sind, keinesfalls um Ihr Revier zu *kämpfen*, werden Sie möglicherweise nur Randbereiche zurückerhalten.

Manchmal ist eine Rückgewinnung von Revieren kampflos möglich
Dies ist unter Umständen dann der Fall, wenn Sie Ihr Interesse für ein bestimmtes Anliegen einmal klar ausgesprochen haben. Vielleicht haben Sie das bisher nie getan. Nun weiß es der andere – vielleicht zum ersten Mal. Er gibt das Revier frei bzw. ist zu einer Revierverhandlung bereit.
Im praktischen Alltag ist es oft der Fall, dass die Verletzung Ihrer Reviere nicht aus böser Absicht geschieht. Meist liegt der Grund darin, dass andere Ihre Wünsche, Bedürfnisse und Interessen tatsächlich nicht kennen. Teilen Sie diese in Zukunft mit. Verabschieden Sie sich von der Hoffnung, dass Ihnen Ihre Wünsche von den Augen abgelesen werden. Sagen Sie, was sie möchten: „Ich will von dir ...", „Ich möchte nicht ...", „JA", „NEIN".

In der Regel haben Sie mit Widerstand zu rechnen
Sie müssen sich auf einen Interessenkonflikt einstellen und bereit sein, für Ihr Anliegen Gegenwehr zu leisten. Im Notfall müssen Sie sich auch vorstellen können, den anderen anzugreifen.
In den Grenzen-Übungen mit den Seminarteilnehmern zeigte sich etwas immer wieder: Erst wenn ich innerlich bereit bin, mit den anderen in den Kampf zu treten, erhöht sich die Chance, in Auseinandersetzungen erfolgreich zu sein.
Im so genannten Powertanz lasse ich Seminarteilnehmer miteinander kämpfen, z. B. den Mitarbeiter mit seinem Chef, dessen Rolle ein anderer Teilnehmer übernimmt.
Vor allem verhaltenere Menschen lernen dadurch, ihre eigene Kraft wieder neu zu entdecken. Sie ist in ihnen zwar immer vorhanden gewesen, sie haben jedoch im Laufe der Zeit das Gefühl für die eigene Stärke verloren. Wer seine Kraft wieder spürt, wird sich in zukünftigen Revierkämpfen anders verhalten.

Der „Powertanz":

Vielleicht kennen Sie Menschen, die Kampfsportarten betreiben. Viele von ihnen sind meist weitaus friedlichere Zeitgenossen als andere – gerade in Auseinandersetzungen. Allein das Wissen um die eigene Fähigkeit, sich im Notfall auch mit Kraft verteidigen zu können, verleiht ihnen in Auseinandersetzungen ein Gefühl eigener Sicherheit und innerer Stärke.

> ICH GEHE WIEDER AUFRECHT, UND JENE WERDEN EIN PROBLEM BEKOMMEN, DIE BISHER MEINEN RÜCKEN ALS ABSTELLPLATZ FÜR IHRE BEDÜRFNISSE VERWENDET HABEN.

Wie ist das mit „ersessenen" Revierrechten?
Das Pochen auf alte Revierrechte, die ich jahrelang nicht in Anspruch genommen oder verteidigt habe, macht wenig Sinn.

Wenn ich über das Grundstück eines Nachbarn 30 Jahre lang gefahren bin, ohne dass sich dieser entsprechend darüber beschwert hat, habe ich ein Wegerecht erstanden. Hier hat der Nachbar die Chance verspielt, sein damaliges Recht zurückzufordern.

Wenn Sie nun selbst alte Reviere zurückfordern, ist es ähnlich. Die neuen Revierbesitzer in Ihrem ehemaligen Revier (A) sehen sich als dessen rechtmäßige Besitzer.
Wenn Sie nun Revieransprüche stellen, sind *Sie* in den Augen derer nun der Angreifer und nicht umgekehrt.
Das bedeutet, dass der Kampf um das Revier und die Verhandlungen um andere Reviergrenzen jetzt stattfindet. Alte Rechte können nicht als Argument angeführt werden.
Es gilt einen neuen Vertrag auszuhandeln.

Setzen Sie noch heute eine Grenze
Ich lade Sie ein, noch heute damit zu beginnen, eine Grenze zu setzen; vielleicht eine kleine, vielleicht eine sehr wichtige, eine gegenüber sich selbst oder eine gegenüber anderen.
Sie müssen nicht das Kind mit dem Bade ausschütten und von nun an einen Grenzzaun nach dem anderen errichten. Situation und Anlass werden Ihnen zeigen, was das rechte Maß sein wird. Außerdem: Wer beim Grenzensetzen ganz am Anfang steht, braucht dazu viele Jahre – ich würde sagen: mindestens zehn.

Jede Grenze beginnt mit dem ersten Pflock, der aufgestellt wird.

In einem Spruch heißt es sinngemäß, dass das Paradies zu dem Zeitpunkt geendet hatte, als jemand begann, einen Pflock in die Erde zu rammen, und sagte: „Das ist mein Revier!"

Jedoch: Distanz und Nähe bedingen sich immer gegenseitig, so wie die Liebe zum Nächsten die Eigenliebe voraussetzt.

> **SÄE EINEN GEDANKEN
> UND ERNTE EINE TAT;
> SÄE EINE TAT
> UND ERNTE EINE GEWOHNHEIT;
> SÄE EINE GEWOHNHEIT
> UND ERNTE EINEN CHARAKTER;
> SÄE EINEN CHARAKTER
> UND ERNTE EIN SCHICKSAL.**
> Stephen Covey

Liebe Leser,

ich wünsche *mir*, dass es mit diesem Buch gelungen ist, Ihnen die Notwendigkeit des Grenzensetzens zu vermitteln.
Ich wünsche *Ihnen* ein mutiges, ausdauerndes und lustvolles Umsetzen in Ihrem Alltag.

Ihr
August Höglinger

Geschichtenverzeichnis

Der Sonntagsbesuch bei der Schwiegermutter 19
Mein Platz im Flugzeug 26
Der besetzte Sessel 27
Der Chef und sein Einkaufsleiter 32
NEIN sagen und JA tun 37
Der Seemann 39
Der Hotelbesitzer 41
Das Kühlhaus 42
Die Mutter ist zu Besuch 44
Die Pommes frites von Manuel 45
Die Schwiegermutter putzt 47
Rücken an Rücken 50
Tumult in der Schule 59
Eins – zwei – bumm 75
Der Bindfaden 81
Krach im Restaurant 82
1 Euro pro Minute 86
Die fleißige Sekretärin 90
Der Wochenendbesuch 91
Die 18 Geschenke der Mutter 92
Der gemeinsame Haushalt 96
Der Zaubersack 101
Der Kinobesuch 104
Der unfassbare Mann 105
Frühschoppen 124
Der Garten des Vaters 135
Der Mitarbeiter und seine Geschäftsführer 144
Der Abteilungskaffee 150
Der neue Arbeitsplatz 150

LITERATURVERZEICHNIS

- Bauriedl, Thea: „Leben in Beziehungen. Von der Notwendigkeit, Grenzen zu finden", Freiburg: Herder-Verlag, 1999[3]
- Breitman, Patti / Hatch, Connie: „Sag einfach NEIN und fühl dich gut. Grenzen setzen in Partnerschaft, Familie und Beruf", München: Mosaik-Verlag, 2000
- Cloud, Henry / Towsand, John: „Liebevoll Grenzen setzen. Durch Liebe und Konsequenz zur Selbständigkeit erziehen", Edition „Neues Leben", Asslar: Schulte-&-Gerth-Verlag, 2001
- Fensterheim, Herbert / Baer, Jean: „Sag nicht ja, wenn du nein sagen willst", München: Bechtermünz-Verlag, 2000
- Gray, John: „Männer sind anders – Frauen auch. Männer sind vom Mars – Frauen von der Venus", München: Goldmann-Taschenbuch, 1998
- Gray, John: „Mars & Venus im siebten Himmel. Eine Beziehungsschule für Männer und Frauen", München: Goldmann-Verlag, 2001
- Höglinger, August: „ZEIT haben heißt NEIN sagen. Ein Arbeitsbuch zur Selbstorganisation", Linz: Eigenverlag, 2000
- Huseman, Richard C. / Hatfield, John D.: „Der Equity Faktor. Geben und Nehmen im Umgang mit Menschen", Frankfurt / Main – New York: Campus-Verlag, 1990
- Juul, Jespers: „Grenzen, Nähe, Respekt. Wie Eltern und Kinder sich finden", Reinbek bei Hamburg: Rowohlt Taschenbuch-Verlag, 2000
- Nadolny, Stan: „Die Entdeckung der Langsamkeit", München: Piper-Verlag, 1983

- Peseschkian, Nossrat: „Steter Tropfen höhlt den Stein. Mikrotraumen – Das Drama der kleinen Verletzungen", München: Pattloch-Verlag, 2000
- Rogge, Jan Uwe: „Eltern setzen Grenzen", Reinbek bei Hamburg: rororo-Sachbuch, 1998
- Rogge, Jan Uwe: „Kinder brauchen Grenzen", Reinbek bei Hamburg: rororo-Sachbuch, 1998
- Tannen, Deborah: „Du kannst mich einfach nicht verstehen. Warum Männer und Frauen aneinander vorbeireden", München: Goldmann-Verlag, 1993
- Wild, Rebecca: „Freiheit und Grenzen – Liebe und Respekt. Was Kinder von uns brauchen", Freiamt: Mit-Kindern-wachsen-Verlag, 2000[3]
- Yuan, Gao: Lock den Tiger aus den Bergen, München: Haufe bei Knaur, 1995

Weitere Bücher
von August Höglinger

Das Leben meistern
Was ist Leben? Was der Sinn? Was Erfolg? Was und wer ist Gott?
Im Gespräch mit dem Autor Thomas Hartl schildert der Lebensbegleiter, welche Erkenntnisse er aus seinem Leben gezogen hat.
Er spricht über Freude und Leid, über Erfolg und Scheitern, Geburt und Sterben und gibt Einblicke in sehr private Dinge.
In Meditation und innerer Schau findet August Höglinger Antworten auf existenzielle Fragen des Lebens.
ISBN: 978-3-902410-15-3

Männer – was Frauen über sie wissen sollten
Wer versteht schon die Männer? Wo sie sich doch kaum selbst verstehen. Dieses Buch dient als Reiseführer ins weite Land der männlichen Seele. Es erzählt von den Ängsten, Sehnsüchten und Schwächen des „starken Geschlechts" und stellt dabei mutig kritische Fragen. Problematische Themen, wie zum Beispiel „Sexualität", „Mannwerden" oder „Die Schwiegermutter", werden dabei direkt angesprochen. Der Autor und Coach August Höglinger beschäftigt sich seit mehr als 20 Jahren intensiv mit dem Thema „Männer". In regelmäßig stattfindenden Seminaren und Vorträgen gibt er seine Erfahrungen weiter und sammelt dabei selbst neue Erkenntnisse. Im Buch „Männer – was Frauen über sie wissen sollten" bietet er Einblick ins Denken, Fühlen und Handeln der Spezies „Mann".
ISBN: 978-3-9501137-7-8

Inthronisation

In diesem Buch werden die wesentlichen Rituale der Übergabe von Führungsmacht beschrieben. Werden bei der Verabschiedung des „alten Regenten" und bei der Einsetzung des „Thronfolgers" auch nur kleinste Fehler gemacht, so kann das weitreichende negative Folgen für das Unternehmen, die Mitarbeiter und die Führungskraft selbst haben. Dieses Buch leistet einen wichtigen Beitrag zur erfolgreichen Neubesetzung von Führungspositionen. Ein Ratgeber für alle, die für die Wahl des richtigen Kandidaten verantwortlich zeichnen. Chefs, Personalberater, Trainer und Regenten in spe sind eingeladen, die Spielregeln der Inthronisation kennen zu lernen.

I S B N :   9 7 8 - 3 - 9 5 0 1 1 3 7 - 4 - 7

Zeit haben heißt NEIN sagen

NEIN sagen ist eine Schlüsselqualifikation für den Umgang mit der Zeit. Die vorgeschlagenen Methoden, Tipps und Anregungen sind zu 100 Prozent in der Praxis umsetzbar, einfach anwendbar und äußerst wirkungsvoll. Das Arbeitsbuch besteht aus 52 Arbeitsblättern (für die Wochen des Jahres). Es begleitet Sie im Idealfall ein Jahr lang als Ihr persönlicher Berater oder Coach und verhilft Ihnen bei konsequenter Anwendung zu mehr Zeit und Lebensqualität.
Aktualisierte Ausgabe

I S B N :   9 7 8 - 3 - 9 5 0 1 1 3 7 - 0 - 9

Lebensziele finden

Sie suchen neue Perspektiven in Ihrem Leben? Stellen sich immer öfter die Frage nach dem eigentlichen Sinn Ihres Lebens? Finden Sie Ihr Lebensziel und machen Sie sich auf den Weg. Denn der erste Schritt zählt. Zehn Fragen (im beiliegenden Arbeitsbuch) helfen Ihnen, Ihre persönlichen Antworten zu finden. Dieses Buch dient als Wegweiser und Begleitung auf dem Weg zu einem erfüllten Leben.

ISBN: 978-3-9501137-6-1

Die Sprache des Körpers

In diesem Nachschlagewerk der Körpersprache erhalten Sie Antworten auf folgende Fragen:

- Was sagen mir Haltung und Stand eines Menschen?
- Was kann ich aus dem Sitzen und Gehen ablesen?
- Welche körpersprachlichen Hinweise bekomme ich bei einer Begrüßung?
- Wie deute ich Gestik und Mimik richtig?
- Welche Rolle spielen die Sinnesorgane in der Körpersprache?
- Welche animalischen Gesetze wirken hinter der Sprache des Körpers?

Wenn Sie körpersprachliche Ausdrücke besser verstehen oder ihre eigenen klarer kommunizieren wollen, dann schlagen Sie in diesem Wörterbuch nach.

ISBN: 978-3-9501137-5-4

Das Leben entrümpeln

Im Lauf eines langen Lebens sammelt sich vieles an. Manches trägt man ständig mit sich herum. Anderes füllt Kästen und Schränke, verbraucht Platz auf dem Dachboden oder im Keller. Jede Menge Gerümpel wird auch in der Seele und im Geist angesammelt. Viele Menschen wissen nicht, wie man richtig entrümpelt, und manche entsorgen dabei das Falsche. Zutiefst in ihrem Inneren sehnen sie sich danach, ihr Leben zu entrümpeln.

ISBN: 978-3-9501137-9-2

Ruhe finden

„In der Ruhe liegt die Kraft", sagt ein altes Sprichwort. Aber dazu müssten wir sie erst einmal finden.
Wie gelingt es uns, den äußeren und inneren Stress los zu werden? Wie können wir Körper und Geist sammeln und auf unser Inneres hören? Wie finden wir aus Ablenkung und Äußerlichkeit wieder zu uns selbst zurück?
Wenn es uns glückt, uns auf das Wesentliche zu konzentrieren, erfahren wir Ruhe und Gelassenheit.

ISBN: 978-3-902410-14-6

Umgang mit Angst

Es gibt kein angstfreies Leben. Und das ist gut so. Weil die Angst eine Art Warnsignal ist, sollten wir nicht daran arbeiten, sie auf Dauer loszuwerden. Aber wir können und sollten lernen, mit ihr umzugehen, sie nicht als Bedrohung oder gar als Feind anzusehen. Wenn wir es schaffen, sie in unser Leben zu integrieren, kann sie sich zu einem hilfreichen Freund entwickeln.

ISBN: 978-3-9501137-8-5

Menschen führen

Eltern führen ihre Kinder, Vorgesetzte ihre Mitarbeiter. Für beide gelten die gleichen Grundregeln der Führung. Dabei wirkt das Vorbild mehr als alles andere. Sie erfahren wertvolle, praktische Tipps und wichtige Erkenntnisse zum Führen von Menschen.
Dieses Buch soll Sie ermutigen, mehr und mehr die Führungspersönlichkeit zu werden, die Sie sind.

ISBN: 978-3-902410-16-0

Loslassen ohne zu vergessen

Wie ich loslassen lernen kann: Dieses Buch ist ein praktischer Ratgeber zum Loslassen. Sie lernen die zehn Schritte des Loslassens, die im Todesfall oder bei einer Trennung zu gehen sind. Wertvolle Hinweise zum Trauern und zum Umgang mit Trauernden ergänzen die zehn Schritte des Loslassens. Sie werden wieder frei – ohne das Vergangene vergessen oder verdrängen zu müssen.

ISBN: 978-3-9501137-3-0

Lust auf Meditation

Sie sollten dieses Buch lesen, wenn Sie nach Klarheit in wichtigen Fragen und Entscheidungen suchen, wenn Sie innerlich ruhiger und ausgeglichener werden wollen, wenn Sie das Meditieren praktisch erlernen oder einfach nur Grundlegendes über Meditation erfahren möchten. Meditationslehrer, Coach und Autor August Höglinger gibt Antworten auf Fragen, die sich jeder einmal stellt.

ISBN: 978-3-9501137-2-3

CDs
von August Höglinger

Das Leben entrümpeln
Vortrag – Studioaufnahme
ISBN: 978-3-902410-12-2

Die Firma – unsere 2. Familie
Vortrag – Studioaufnahme
ISBN: 978-3-902410-04-7

Veränderung, das einzig Stabile
Vortrag – Studioaufnahme
ISBN: 978-3-902410-03-0

Grenzen setzen bei Erwachsenen
Vortrag – Studioaufnahme
ISBN: 978-3-902410-01-6

Lebensziele
Vortrag – Studioaufnahme
ISBN: 978-3-902410-09-2

Zeit haben heißt NEIN sagen
Vortrag – Studioaufnahme
ISBN: 978-3-902410-00-9

CDs
von August Höglinger

Leben in gelungenen Beziehungen

Vortrag – Studioaufnahme
ISBN: 978-3-902410-06-1

Männer – was Frauen über sie wissen sollten

Vortrag – Studioaufnahme
ISBN: 978-3-902410-07-8

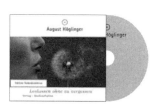

Loslassen ohne zu vergessen

Vortrag – Studioaufnahme
ISBN: 978-3-902410-08-5

Träume und Intuition

Vortrag – Studioaufnahme
ISBN: 978-3-902410-05-4

Der Weg nach Innen – Meditation

Vortrag – Studioaufnahme
ISBN: 978-3-902410-02-3

August Höglinger
Führungskräftecoach, Vortragender und Autor

Der Autor begleitet seit Jahrzehnten Menschen auf ihrem persönlichen und beruflichen Weg.

Diese Lebenserfahrungen teilt er in seinen Büchern und Vorträgen mit seinen Lesern und Zuhörern. Sein Blick auf das Wesentliche und seine bildhafte Sprache machen seine Publikationen so wertvoll.

Meditation

Klangschalen-Meditation

Liveaufnahme
ISBN: 978-3-902410-11-5

Geführte Meditation

Meditation für Körper und Seele

Liveaufnahme
ISBN: 978-3-902410-10-8

www.hoeglinger.net

• Onlineshop • Vorträge • Seminare • Lehrgänge